Eugen Hausbrand

Das Trocknen mit Luft- und Dampferklärungen, Formeln und Tabellen für den präktischen Gebrauch

Eugen Hausbrand

Das Trocknen mit Luft- und Dampferklärungen, Formeln und Tabellen für den präktischen Gebrauch

ISBN/EAN: 9783744634588

Hergestellt in Europa, USA, Kanada, Australien, Japan

Cover: Foto ©berggeist007 / pixelio.de

Weitere Bücher finden Sie auf www.hansebooks.com

Das
Trocknen mit Luft und Dampf.

Erklärungen, Formeln und Tabellen

für den

praktischen Gebrauch.

Von

E. Hausbrand,
Oberingenieur.

Mit Textfiguren und zwei Tafeln.

Berlin.

Verlag von Julius Springer.

1898.

Vorbemerkung.

Für die Berechnung der Anlagen zum Trocknen von wasserfeuchten Körpern durch Luft findet man einen Theil der theoretischen Unterlagen in einer Anzahl von Lehrbüchern, z. B. Péclet: Traité de la chaleur — Ferrini: Technologie der Wärme — Valerius — Schinz, allein alle die in jenen Büchern gegebenen Formeln und Nachrichten sind für den unmittelbaren Gebrauch nicht sehr bequem.

Dem ausführenden Techniker wäre aber hier auch damit noch nicht vollkommen gedient, wenn er mehr oder weniger bequeme Formeln erhielte, mit deren Hülfe er für jeden Fall die gewünschten Daten berechnen kann, weil beim Trocknen mit Luft, deren steter, starker und schneller Wechsel an Temperatur und Feuchtigkeit die Bedingungen für dieselbe Anlage zu verschiedenen Zeiten so sehr verschieben kann, dass eine Berechnung der gewünschten Daten unter Zugrundelegung bestimmter Umstände nicht genügt. Die Rechnung muss vielmehr immer für mehrere Grenzfälle durchgeführt werden, was ziemlich umständlich und zeitraubend ist.

Es ist sehr viel angenehmer, die nothwendigen Angaben gleich ausgerechnet in Tabellen zu finden, um so mehr, als die der ruhigen Betrachtung unterbreiteten Resultate einer Tabelle einen Ueberblick über die Wirkung aller Umstände gewähren, welchen einzelne, willkürlich berechnete Werthe nie schaffen können. Erst die mühelose Erkenntniss der Wirkungen, welche alle in Betracht kommenden Faktoren bei ihrer jeweiligen Veränderung ausüben, gestattet die richtige

Wahl der gesammten Anordnung und der einzelnen Mittel zur sicheren Erreichung des vorgesteckten Zieles.

Man wird bei der Erörterung der Bedingungen für das Trocknen mit Luft leicht auf das Trocknen ohne Luft, mit Dampf allein, geführt; aber es ist mir nicht bekannt geworden, dass die Kreislaufverdampfung, wie es hier in dem Abschnitt 5 und in Tabelle XI geschieht, an irgend einem Orte besprochen oder erwähnt ist, und ich darf daher annehmen, dass diese Betrachtungen neu sind. Es wäre zu wünschen, dass die Vortheile dieser Methode bekannt würden und zu ihrer reichlichen Anwendung führen möchten.

Aus der lebhaften Empfindung für das oben Gesagte entsprang der Wunsch für die Beschaffung der Hülfsmittel zur bequemen Feststellung der Luft- und Wärmebedürfnisse der Trockenapparate. Mögen diese nun vorliegenden Angaben recht oft eine erwünschte Hülfe sein.

Berlin, im Oktober 1898.

Der Verfasser.

Inhalt.

Abschnitt		Seite
	Vorbemerkung	III
1.	Einleitung	1
2.	Bestimmung des Maximalgewichtes an gesättigtem Wasserdampf, welches bei verschiedenem Druck und verschiedener Temperatur in 1 kg Luft enthalten sein kann	5
3.	Berechnung des nothwendigen Luftgewichtes und Volumens, sowie des geringsten Wärmeaufwandes für Trockenapparate mit vorgewärmter Luft, bei atmosphärischem Druck	13
	A. Unter der Annahme, dass die Luft vor ihrem Eintritt und bei ihrem Austritt aus dem Apparat ganz mit Wasserdunst gesättigt sei	13
	B. Wenn die atmosphärische Luft vor ihrem Eintritt ganz, bei ihrem Austritt aber nur $3/4 - 1/2 - 1/4$ mit Wasserdampf gesättigt ist	27
	C. Wenn die atmosphärische Luft vor ihrem Eintritt in den Trockenapparat nicht ganz mit Wasserdampf gesättigt ist	37
4.	Trockenanlagen, bei denen im Innern des Trockenraumes künstlich eine höhere oder niedrigere Spannung erzeugt wird, als sie in der Umgebung herrscht	41
5.	Das Trocknen mit überhitztem Dampf ohne Luft	49
6.	Heizfläche — Geschwindigkeit der Luft — Grösse des Trockenraums — Oberfläche des Trockengutes — Wärmeverlust . .	56

Tabellen.

Nummern		Seite
I.	Spannungen und Kubikmetergewichte des gesättigten Wasserdampfes — und der trockenen Luft dabei — Wassergewicht in 1 kg Luft bei absoluten Drucken von 250 — 500 — 740 — 760 — 780 — 1140 mm und bei den Temperaturen von — 20 bis + 100°, wenn die Luft ganz mit Wasserdampf gesättigt ist	10
II.	Luftgewichte und Volumina — Austrittstemperaturen und Wärmeverbrauch, um 100 kg Wasser zu verdunsten bei den Aussentemperaturen — 20° bis + 30° — den Maximaltemperaturen + 30° bis + 130° — beim Barometerstande 760 mm, wenn Aussenluft und Austrittsluft ganz mit Wasser gesättigt sind	21
III.	Spannungen und Kubikmetergewichte des $3/4 - 1/2 - 1/4$ gesättigten Wasserdampfes — und der trockenen Luft dabei — Wassergewicht in 1 kg Luft — beim Barometerstande 760 mm — den Aussentemperaturen — 20° bis + 30° — wenn die Luft $3/4 - 1/2 - 1/4$ mit Wasser gesättigt ist	28
IV. V. VI.	Luftgewichte und Volumina — Austrittstemperaturen und Wärmeverbrauch, um 100 kg Wasser zu verdunsten bei Aussentemperaturen von — 20° bis + 30° — Maximaltemperaturen von 35° bis 130° — beim Barometerstande 760 mm, wenn die Aussenluft ganz — die Austrittsluft nur $3/4 - 1/2 - 1/4$ mit Wasser gesättigt ist	34
VII.	Temperaturen, bei denen die Luft ganz mit Wasser gesättigt ist — wenn sie mit demselben Wassergehalt bei angegebenen höheren Temperaturen nur $3/4 - 1/2 - 1/4$ gesättigt ist	38
VIII. IX. X.	Luftgewichte und Volumina — Austrittstemperaturen und Wärmeverbrauch, um 100 kg Wasser zu verdunsten bei Aussentemperaturen von — 20° bis + 30° — bei Maximal-	

Nummern		Seite
	temperaturen von 35° bis 130° — bei absolutem Druck von 1140 mm (1½ Atm.) (VIII) — 500 mm (IX) — 250 mm (X) im Trockenraum — wenn Aussenluft und Austrittsluft ganz mit Wasser gesättigt sind	46
XI.	Dampfgewichte und Volumina vor und nach der Erhitzung, um 100 kg Wasser im Kreislauftrockenapparat ohne Luft zu verdunsten bei absoluten Drucken von 148—2660 mm und Dampferhitzungstemperaturen von 65° bis 200°	54
XII.	Calorien, welche Dampfheizkörper in 1 Stunde pro 1 qm abgeben bei Aussenluft von —20° bis +30° — Heizkörpertemperaturen von 100° bis 140° — höchster Lufterhitzung auf 85° bis 130° — wenn die Luft mit 1—6 m Geschwindigkeit über die Heizkörper strömt	58
XIII.	Wärmeverlust der Trockenräume in Calorien pro 1 Stunde und 1 qm für Mauern verschiedener Dicke, für Holzwände und Fenster bei Temperaturdifferenzen zwischen Innen- und Aussenraum von 5° bis 100°	63

1. Einleitung.

Für eine Anzahl von gewerblichen Betrieben besteht das Bedürfniss, ihre Haupt- oder Nebenerzeugnisse mit Hülfe der Luft, welche vor ihrer Verwendung künstlich erwärmt wird, zu trocknen. Es giebt manche Gründe, welche bei der Bemühung, den Stoffen Feuchtigkeit zu entziehen, dazu veranlassen können, die Luft als Vermittlerin zu wählen, anstatt die Körper direkt zu erwärmen und so, sei es bei Atmosphärendruck, sei es im luftverdünnten Raum, ihre Feuchtigkeit zu verdampfen. Man wählt Lufttrocknung, weil entweder Gestalt und Art der zu trocknenden Stoffe es erschwert, den Körpertheilen die zur Verdampfung nothwendige Wärmemenge direkt zuzuführen, oder, weil die Bedingung besteht, die zu trocknenden Körper nicht über eine gewisse geringe Temperatur zu erhitzen, da sie im anderen Falle an Form, Aussehen oder Bestand Schaden erleiden würden, oder endlich, weil der Wunsch herrscht, das Trocknen langsam durch allmähliche Verdunstung zu bewirken, um Sprünge, Risse, Entfärbungen zu verhüten.

Die Luft, welche zum Trocknen verwendet werden soll, muss zunächst den zu trocknenden Stoff erwärmen, sodann dem zu verdunstenden Wasser die nötbige Verdampfungswärme zuführen, und endlich das verdunstete Wasser in sich aufnehmen.

Die warm in den Trockenraum tretende Luft verliert darin so viel von ihrem Wärmegehalt, als für die Erwärmung und Verdunstung verbraucht wird, sie verlässt also den Trockenraum immer kälter, als sie ihn betrat; aber sie muss bei ihrem Austritt doch noch so viel wärmer bleiben als beim Eintritt, dass sie bei ihrem dermaligen Temperaturgrade, ohne übersättigt zu sein, das verdunstete Wasser, neben ihrer ursprünglichen Feuchtigkeit, enthalten kann.

Einleitung.

Die atmosphärische Luft enthält stets mehr oder weniger Wasser; selten ist sie damit ganz gesättigt. Ihre Fähigkeit, Wasser aufzunehmen, steigt in erheblichem Maasse mit ihrer steigenden Temperatur. Damit eine möglichst kleine Menge Luft die möglichst grösseste Menge Wasser aus dem Trockenraum forttrage, muss dieselbe den Raum so warm, als es angeht, verlassen. Andererseits muss aber dieselbe Menge Luft so viel wärmer in den Trockenraum treten, dass ihre Abkühlung auf die Austrittstemperatur genügt, um den zu trocknenden Stoff zu erwärmen und das Wasser desselben zu verdampfen.

Da der Wärmeaufwand beim Trocknen mit Luft gleich ist demjenigen für die Erhitzung der Luft, so folgt, dass man um so weniger Wärme nöthig hat, mit je weniger Luft man auskommt, und dieses ist der Fall, wenn man die Luft so warm wie zulässig ein- und austreten lässt.

Der Temperaturgrad, bis zu welchem die Luft vor ihrem Eintritt erhitzt werden darf, hängt von der Natur des Trockengutes und von dem Grade ab, bis zu welchem demselben das Wasser entzogen werden soll.

Soll der Stoff gänzlich vom Wasser befreit werden, so muss er zuletzt bis ganz nahe an die Temperatur der eintretenden Luft erwärmt werden; daher darf man in diesem Falle die Luft nur bis zu dem höchsten Grade erwärmen, den der zu trocknende Stoff noch vertragen kann.

Darf indessen das Gut nach dem Trocknen noch erhebliche Mengen Feuchtigkeit enthalten, so ist es nicht nöthig, dasselbe durch die Luft bis zu deren Temperatur zu erwärmen, und dann darf man die Lufteintrittstemperatur etwas höher bemessen.

In jedem bestimmten Fall ist als bekannt anzunehmen:
1. das Gewicht des zu trocknenden Stoffes,
2. die Wassermenge, die ihm entzogen werden soll,
3. die höchste Temperatur, welche er noch vertragen kann;

man wünscht zu erfahren:
1. die Wärmemenge, welche aufzuwenden,
2. die Heizfläche, welche anzulegen,
3. die Luftmenge, welche zu bewegen ist, und zwar vor ihrer Erwärmung, nach ihrer Erwärmung und bei ihrem Austritt aus dem Apparat.

Es kann auch die Frage aufgeworfen werden, ob es Vortheile bietet, im Trockenraum einen höheren oder einen geringeren Druck als den der Atmosphäre zu erzeugen.

Im Nachstehenden sollen die Antworten auf diese Fragen in möglichst bequemer Weise vorbereitet und für eine Anzahl von Fällen zum Gebrauch fertig ausgearbeitet werden.

Die Luft, sehr empfänglich für die Einflüsse des Druckes und der Temperatur, verwandelt proteusartig ihre Gestalt. Ein Kubikmeter Luft, den man in die Rechnung einführt, muss mit seiner Spannung und Temperatur ausdrücklich bezeichnet werden, damit man ihn später wieder erkenne.

Rechnet man sich aus, wieviel Wärme ein bestimmtes Volumen Luft von bestimmter Temperatur und Spannung abgeben und wieviel Feuchtigkeit es aufnehmen kann, so findet man, dass, nachdem die Luft diese Leistung gethan, d. h. nachdem sie Wärme abgegeben und Feuchtigkeit aufgenommen, ihr Volumen ein ganz anderes geworden. Dieses andere Volumen muss dann wieder berechnet werden, und weil diese Rechnungen nicht ohne ein gewisses Probiren ausgeführt werden können, so kommt man nur langsam und mit Mühe ans Ziel. Aus diesem Grunde ist es vorzuziehen, und auch die Vorstellung gewöhnt sich bald daran, das Gewicht der Luft anstatt ihres Volumens in die Rechnung einzuführen und am Ende derselben, wenn es nöthig ist, des gefundenen Luftgewichtes Raummaass festzustellen.

Wie die spätere Darlegung zeigen wird, sind die für jeden Fall auszuführenden Rechnungen nicht schwierig: allein sie erfordern immerhin ein gewisses Eindringen in den Gegenstand, und hierfür ist dem ausführenden Techniker nicht immer die nöthige Zeit gelassen. Auch ist die Wirkung der Veränderung der in Betracht kommenden Umstände auf den Effekt der Anlage nicht ohne Weiteres a priori genau abzuschätzen. Erst wenn man mit einem Blick übersehen kann, welche Einflüsse die Variationen von Druck, Temperatur und Sättigung auf die Leistung und den Luft- und Wärmeverbrauch ausüben, kann man die besten Umstände leicht wählen. Aus diesem Grunde sind im Nachstehenden die Erfordernisse von Trockenanlagen verschiedener Art in Form von Tabellen zusammengestellt, und aus ihnen kann man ohne Weiteres die in jedem Fall gewünschten Angaben ersehen.

Für Verluste an Menge, Gewicht und Wärme wird man bei der Ausführung stets der Erfahrung entsprechende Zuschläge machen.

Wir wollen nun zunächst eine Tabelle ausrechnen, aus welcher man ersehen kann, wieviel Wasser von 1 kg Luft bei verschiedenen Temperaturen und bei verschiedenen Drucken aufgenommen werden kann.

Sodann wollen wir die Gewichtsmenge Luft von bestimmter angenommener Anfangstemperatur suchen, welche wenigstens nöthig ist, um ein bestimmtes Gewicht Wasser (100 kg) aufzunehmen.

Ferner soll dann das Volumen angegeben werden, welches von dem ausgerechneten Luftgewicht beim Eintritt, beim Austritt und nach der Vorwärmung eingenommen wird.

Endlich kann die Feststellung des unter den verschiedenen Umständen sehr ungleichen Wärmebedarfes (zum Auftrocknen eines bestimmten Wassergewichtes) erfolgen, und an diese schliesst sich die Ausrechnung der nöthigen Heizfläche und der Weite der Kanäle.

Alle diese Feststellungen sind auszuführen für das Trocknen beim Druck der Atmosphäre, bei geringerem und bei höherem Druck und unter der Voraussetzung einer mehr oder weniger vollkommenen Sättigung der in den und aus dem Trockenapparat gehenden Luft.

Die im Nachstehenden angewendeten Buchstabenbezeichnungen sind die folgenden:

w = das Wassergewicht, welches im Trockenraum dem Trockengut entzogen werden soll,
v = Volumen von 1 kg Dampf in Litern,
V_d = Volumen eines anderen Dampfgewichtes in Kubikmetern,
γ_d = Gewicht von 1 cbm Dampf in kg,
d_a = Dampfgewicht, welches in 1 kg der Aussenluft enthalten ist, in kg,
d_n = Dampfgewicht, welches in 1 kg der nassen Luft enthalten ist, wenn sie den Trockenapparat verlässt,
γ_l = Gewicht von 1 cbm trockener Luft in kg,
l = das Luftgewicht in kg,
V_l = das Luftvolumen in Kubikmetern,

2. Bestimmung des Maximalgewichtes etc.

V_{la} = das Volumen der (atmosphärischen) Aussenluft in Kubikmetern,

V_{lb} = das Volumen der heissen Luft, wenn sie eben den Heizraum verlässt,

V_{ln} = das Volumen der nassen Luft, wenn sie den Trockenraum verlässt,

t_u = die ursprüngliche Temperatur des Trockengutes,

t_s = die Temperatur des Trockengutes, wenn es den Trockenraum verlässt,

t_a = Temperatur der Aussenluft (atmosphärischen),

t_h = Temperatur der heissen Luft, wenn sie eben den Heizraum verlässt,

t_n = Temperatur der nassen Luft, wenn sie den Trockenraum verlässt,

p = Druck in Atmosphären oder in kg pro 1 qm (der Druck der Atmosphäre ist = 10336 kg pro 1 qm).

q = der Druck in Millimetern Quecksilbersäule,

a = der Ausdehnungskoefficient der Luft = 0,003665.

C_n = die Wärmemenge in Calorien zum Verdampfen des Wassers aus dem Trockengut,

C_g = die gesammte Wärme, welche zum Trocknen aufgewendet werden muss,

λ = die specifische Wärme der Luft = 0,2375,

δ = die specifische Wärme des Dampfes = 0,475.

2. Bestimmung des Maximalgewichtes an gesättigtem Wasserdampf, welches bei verschiedenem Druck und verschiedener Temperatur in 1 kg Luft enthalten sein kann. Tabelle I.

Nach bekannten physikalischen Gesetzen hat der gesättigte Wasserdampf bei jeder Temperatur die ihm dabei zukommende Spannung, gleichgültig, ob er sich im luftleeren oder lufterfüllten Raum befindet. Wenn man von einer mit Feuchtigkeit gesättigten Luft spricht, so bedeutet das nichts anderes, als dass in dem Raum, den sie einnimmt, sich gerade so viel gesättigter Wasserdampf befindet, als bei der gerade herrschenden Temperatur darin sein würde, auch wenn keine Luft vorhanden wäre. Die Spannung, der Druck, den dieser gesättigte Dampf an und für sich bei der

2. Bestimmung des Maximalgewichtes etc.

herrschenden Temperatur ausübt, ist ein ganz bestimmter, bekannter, durch zahlreiche Versuche ermittelter und in Tabellen von Regnault, Zeuner, Fliegner etc. mitgetheilter. Er ist für die Temperaturen unter 100^0 immer geringer als der Druck der Atmosphäre, und der Druck der Atmosphäre wird eben erzeugt dadurch, dass zu dem Druck des Dampfes noch der der Luft hinzukommt. Der Atmosphärendruck setzt sich zusammen aus demjenigen des Dampfes und dem der Luft; er ist die Summe dieser Drucke.

Das grösste Gewicht an gesättigtem Wasserdampf, welches einen Kubikmeter bei einer bestimmten Temperatur erfüllen kann, ist nach den oben genannten physikalischen Gesetzen dasselbe, gleichgültig, ob in dem Kubikmeter sich ausserdem noch Luft befindet, oder ob der Dampf den Raum allein einnimmt. Hieraus folgt, dass das Gewicht eines Cubikmeters gesättigten Dampfes, wie es aus den oben angeführten Tabellen der bekannten Physiker zu ersehen ist, zugleich auch den Maximalwassergehalt eines Kubikmeters Luft für die verschiedenenen Temperaturen angiebt.

$$
\begin{aligned}
1 \text{ cbm Wasserdampf von } & 0^0 \text{ wiegt } 0{,}00504 \text{ kg} \\
& 5^0 \quad - \quad 0{,}00696 \ - \\
& 10^0 \quad - \quad 0{,}00951 \ - \\
& 15^0 \quad - \quad 0{,}01319 \ - \\
& 20^0 \quad - \quad 0{,}01753 \ -
\end{aligned}
$$

Dieselben Dampfgewichte enthält auch 1 cbm Luft, wenn er mit Feuchtigkeit gesättigt ist.

Wenn die Luft ganz mit Wasserdunst gesättigt ist, so sagt man, ihr Sättigungsgrad beträgt $100\,\%$; enthält sie weniger Feuchtigkeit, z. B. nur $^3/_4 - ^1/_2 - ^1/_4$ davon, so sagt man, ihr Sättigungsgrad betrage $75 - 50 - 25\,\%$.

Ein Kubikmeter Luft enthält also bei den

Wenn der Sättigungs-grad beträgt:	Temperaturen				
	0^0	5^0	10^0	15^0	20^0
$10\,\%$	0,000504	0,000696	0,000951	0,001319	0,001753 kg Wasser
$20\,\%$	0,00101	0,00139	0,00191	0,00264	0,00351 - -
$50\,\%$	0,00252	0,00345	0,00475	0,00660	0,00877 - -

2. Bestimmung des Maximalgewichtes etc.

Das Dampfvolumen (v) in Litern, welches sich aus 1 kg Wasser entwickelt, findet man nach der Formel von Mariotte-Gay-Lussac:

$$v = 4{,}543 \frac{273 + t}{p}, \quad \ldots \ldots (1)$$

worin t die Temperatur, p den Druck in Atmosphären bedeutet.

Das Gewicht eines Kubikmeters gesättigten Dampfes ist daher:

$$\gamma_d = \frac{1}{v} = \frac{p}{4{,}543\,(273 + t)}. \quad \ldots \ldots (2)$$

Fast zu denselben Resultaten, welche die Ausrechnung dieser Gleichungen ergeben, gelangt man auch durch eine andere Betrachtung.

Das specifische Gewicht des gesättigten Dampfes auf Luft = 1 bezogen, ist = 0,623. Das Gewicht eines Kubikmeters Dampf ist daher stets 0,623 von dem Gewicht eines Kubikmeters trockener Luft von derselben Spannung und Temperatur. Wenn man also das Gewicht eines Kubikmeters trockener Luft für alle Temperaturen und Spannungen ausrechnet und das Resultat mit 0,623 multiplicirt, so erhält man das Gewicht eines Kubikmeters gesättigten Dampfes. Das Resultat stimmt mit dem nach der Gleichung 2 berechneten fast genau überein.

Die Spannung p des gesättigten Dampfes bei allen Temperaturen ist durch Beobachtungen und Tabellen von Regnault, Zeuner, Fliegner hinreichend bekannt, und ebenso das Gewicht eines Kubikmeters γ_d dabei.

Die Spalte 2 der Tabelle I giebt die Gewichte von 1 cbm gesättigten Dampfes, die Spalte 3 die Spannung des gesättigten Dampfes nach Regnault in Millimeter Quecksilbersäule, beides bei den Temperaturen der Spalte 1.

Der Druck der Atmosphäre (der Barometerstand) schwankt zwischen ziemlich weiten Grenzen. In der Tabelle I sind Barometerstände von 780—760 und 740 mm Quecksilbersäule berücksichtigt, und in den Spalten 4, 5 und 6 ist der Druck angegeben, welchen die trockene Luft bei diesen und bei den Temperaturen von —20° bis +100° neben dem des gesättigten Dampfes noch hat. Denn die Spannung der Luft ist gleich dem herrschenden Barometerstande minus dem Drucke des Dampfes.

2. Bestimmung des Maximalgewichtes etc.

In den Spalten 7, 8 und 9 sind dann die Gewichte von 1 cbm trockener Luft bei dem Drucke der Spalten 4, 5, 6 und den Temperaturen — 20° bis + 100° zusammengestellt.

Das Gewicht eines Kubikmeters trockener Luft berechnet man nach der Formel:

$$\gamma_1 = \frac{0{,}0001252}{1 + \alpha t} \cdot \frac{q \cdot p}{760}, \quad \ldots \ldots (3)$$

worin γ_1 das Luftgewicht in kg, t die Temperatur in Graden Celsius, p den atmosphärischen Druck in kg pro Quadratmeter = 10336, q den Druck, unter welchem die Luft allein steht, und α den Wärmeausdehnungs-Koefficienten der Luft, $\alpha = 0{,}003665$ bedeutet.

Der atmosphärische Druck auf 1 qm ist bei 760 mm Barometerstand p = 10336 kg; für jeden anderen Barometerstand q in mm Quecksilbersäule ist:

$$p_1 = \frac{q}{760} 10336. \quad \ldots \ldots (4)$$

Zieht man von dem herrschenden Barometerstande in mm Quecksilbersäule den Druck des Dampfes in der Atmosphäre ab, so erhält man den Druck, unter dem sich die Luft allein befindet.

Durch eine leichte Umrechnung findet man ferner aus den Daten der Spalten 2—9 das Gewicht an gesättigtem Dampf, welches 1 kg trockene Luft bei den verschiedenen Temperaturen und Barometerständen in maximo enthalten kann; denn man hat nur das Gewicht eines Kubikmeters gesättigten Dampfes durch das Gewicht von 1 cbm trockener Luft bei gleicher Temperatur und korrespondirendem Barometerstande zu dividiren. Die Resultate dieser Rechnungen sind in den Spalten 10, 11, 12 zusammengestellt.

Die Spalten 13—21 der Tabelle I bieten die ähnlichen Angaben für einen Druck von 1 1/2 Atm. abs. = 1/2 Atm. Ueberdruck = 1140 mm Quecksilbersäule, ferner für einen solchen von 1/3 Atm. abs. = 250 mm Quecksilbersäule und endlich für einen solchen von 2/3 Atm. abs. = 500 mm Quecksilbersäule.

Die Zahlen der Spalten 13, 16, 19 sind gefunden durch Subtraktion des Dampfdruckes der Spalte 3 von dem angenommenen Gesammtdruck 1140—250—500 mm.

Die Angaben der Spalten 14, 17, 20 ergeben sich aus der

2. Bestimmung des Maximalgewichtes etc.

Gleichung 3, indem man für q und t die entsprechenden Werthe einsetzt.

Endlich ergiebt sich das in 1 kg Luft bei den verschiedenen Spannungen enthaltene Wasserdampfgewicht durch Division der Gewichte aus den Spalten 14, 17, 20 in die entsprechenden Zahlen der Spalte 2.

Beispiel. Es ist zu bestimmen:

1. Das Gewicht von 1 Kubikmeter trockener Luft, die mit Wasserdampf gesättigt ist, bei $t_a = 10°$ und dem Barometerstand q = 760 mm (Spalte 8).
2. Das Gewicht an Wasserdampf d_a, welches in diesem Falle in 1 kg Luft enthalten ist (Spalte 11).
3. Das Gewicht von 1 Kubikmeter trockener Luft, die mit Wasserdampf gesättigt ist, bei $t_a = 10°$ und dem absoluten Druck von q = 250 mm (Spalte 20).
4. Das Gewicht an Wasserdampf, welches im Falle 3 in 1 kg Luft enthalten ist (Spalte 21).

ad 1. Nach Gleichung 3 ist:

$$\gamma_1 = \frac{0,0001252}{1 + \alpha t} \cdot \frac{q \cdot p}{760}.$$

q ist die Spannung der Luft in dem Kubikmeter und sie wird gefunden als die Differenz zwischen dem herrschenden Gesammtdruck (das ist hier 760 mm) und dem Druck des gesättigten Dampfes bei 10° (das ist nach Spalte 3 = 9,16 mm), sodass sich ergiebt:

$$q = 760 - 9,16 = 750,84 \text{ mm},$$

hieraus folgt:

$$\frac{q \cdot p}{760} = \frac{750,84 \cdot 10336}{760} = 10211,4$$

und

$$\gamma_1 = \frac{0,0001252 \cdot 10211,4}{1 + 0,003665 \cdot 10} = 1,2332 \text{ Kilo (Spalte 8)}.$$

ad 2. 1 cbm enthält also bei 10° und 760 mm Barometerstand 1,2332 kg Luft und (aus Spalte 2) 0,00951 kg Wasserdampf.

In 1 kg Luft sind also in diesem Falle enthalten:

$$\frac{0,00951}{1,2332} = 0,00771 \text{ Kilo Dampf (Spalte 11)}.$$

2. Bestimmung des Maximalgewichtes etc.

Tabelle 1.

Spannungen und Kubikmetergewichte des gesättigten Wassergewicht in 1 kg Luft bei den absoluten Drucken (Barometerständen) von wenn die Luft ganz mit

1	2	3	4	5	6	7	8	9	10	11
Temperatur	1 cbm gesättigter Dampf wiegt γ_d	Spannung des gesättigten Dampfes q_d	Spannung der Luft allein nach Abzug der Dampfspannung — bei dem Barometerstande von			1 cbm trockene Luft wiegt bei den Spannungen der Spalten 4, 5, 6 und dem Barometerstande			1 kg trockene Luft gesättigten Dampf (d) Spannungen der Spalten dem Barometer-	
			780	760	740	780	760	740	780	760
°C.	kg	mm	mm	mm	mm	kg	kg	kg	kg	kg
−20	0,00106	0,927	779	759	739	1,4256	1,3890	1,3524	0,000743	0,000763
−15	0,00157	1,400	778,6	758,6	738,5	1,4015	1,3655	1,3294	0,00112	0,00115
−10	0,0023	2,093	778	758	738	1,3739	1,3386	1,3033	0,00167	0,00172
−5	0,0035	3,113	776,9	756,9	736,9	1,3518	1,7178	1,2823	0,00248	0,00254
0	0,00496	4,600	775,4	755,4	735,4	1,3181	1,2832	1,2502	0,00376	0,00387
5	0,00696	6,53	773,47	753,47	733,47	1,2925	1,2589	1,2257	0,00538	0,00553
10	0,00951	9,16	770,84	750,84	730,84	1,2642	1,2332	1,1987	0,00752	0,00771
15	0,01298	12,70	767,3	747,3	727,3	1,2354	1,2050	1,1709	0,0105	0,01080
20	0,01753	17,39	762,61	742,61	722,61	1,2087	1,1770	1,1453	0,0145	0,01480
25	0,02312	23,55	756,46	736,46	716,46	1,1755	1,1445	1,1134	0,0197	0,0202
30	0,0308	31,55	748,45	728,45	708,45	1,1423	1,1168	1,0861	0,02696	0,0275
35	0,0397	41,83	738,17	718,17	698,17	1,1146	1,0845	1,0543	0,0356	0,0366
40	0,0512	54,91	725,09	705,09	685,09	1,0760	1,0463	1,0207	0,0476	0,0489
45	0,0657	71,40	708,60	688,6	668,6	1,0346	1,0054	0,9751	0,0635	0,0653
50	0,0834	91,98	688,02	668,02	648,02	0,9894	0,9610	0,9318	0,0843	0,0868
55	0,1045	117,98	662,52	642,52	622,52	0,9355	0,9070	0,8797	0,1117	0,1152
60	0,1311	148,79	631,21	611,21	591,21	0,8774	0,8497	0,8219	0,1495	0,1540
65	0,1623	186,94	593,06	573,06	553,06	0,8156	0,7880	0,7605	0,1989	0,2060
70	0,1992	233,09	546,91	526,91	506,91	0,7383	0,7115	0,6844	0,2696	0,2799
75	0,2440	288,50	491,50	471,50	451,50	0,6562	0,6295	0,6027	0,3718	0,387
80	0,2958	354,64	425,56	405,56	385,56	0,5600	0,5335	0,5018	0,5282	0,554
85	0,3574	433,04	346,96	326,96	306,96	0,4510	0,4250	0,3991	0,7924	0,840
90	0,4280	525,45	254,55	234,55	214,55	0,3248	0,2992	0,2747	1,3177	1,430
95	0,5110	633,75	146,25	126,25	106,25	0,1846	0,1591	0,1310	2,7681	3,211
100	0,6060	760,00	20,00	0	—	0,0249	0	—	24,3373	0

2. Bestimmung des Maximalgewichtes etc.

Tabelle I.

Wasserdampfes und der trockenen Luft, 250 — 500 — 740 — 760 — 780 — 1140 mm und bei Temperaturen von —20° bis +100°, Wasserdampf gesättigt ist.

12	13	14	15	16	17	18	19	20	21	22
enthält bei den 4,5,6 und stande 740	Absoluter Druck im Trockenraum 1½ Atm. = 1140 mm			Absoluter Druck im Trockenraum = 500 mm			Absoluter Druck im Trockenraum = 250 mm			Temperatur
	Spannung der Luft nach Abzug der Dampfspannung η	1 cbm trockene Luft wiegt γ₁	1 kg Luft enthält gesättigten Dampf d	Spannung der Luft nach Abzug der Dampfspannung η	1 cbm trockene Luft wiegt γ₁	1 kg Luft enthält dabei gesättigten Dampf d	Spannung der Luft nach Abzug der Dampfspannung η	1 cbm trockene Luft wiegt γ₁	1 kg Luft enthält dabei gesättigten Dampf d	
kg	mm	kg	kg	mm	kg	kg	mm	kg	kg	°C.
0,000783	1139	2,084	0,00050	499,07	0,91	0,00165	249,07	0,455	0,00233	—20
0,00118	1138,6	2,049	0,00076	498,6	0,8974	0,00175	248,6	0,447	0,00351	—15
0,00176	1138,38	2,008	0,00115	497,90	0,877	0,00262	247,9	0,438	0,00525	—10
0,00261	1136,9	1,978	0,00169	496,88	0,862	0,00386	246,89	0,429	0,0078	— 5
0,00396	1135,4	1,930	0,00257	495,4	0,842	0,00589	245,4	0,417	0,0119	0
0,00566	1133,47	1,894	0,00367	493,47	0,8225	0,00846	243,47	0,407	0,0171	5
0,00795	1130,84	1,854	0,00513	490,84	0,805	0,0118	240,84	0,395	0,0240	10
0,0110	1127,3	1,815	0,00709	487,3	0,785	0,0165	237,3	0,382	0,0340	15
0,0153	1122,6	1,779	0,00981	482,61	0,765	0,0229	232,6	0,378	0,0464	20
0,0207	1116,5	1,735	0,0134	476,45	0,740	0,0312	226,45	0,352	0,0656	25
0,0288	1108,5	1,699	0,0181	468,15	0,718	0,0429	218,45	0,335	0,0919	30
0,0376	1098,2	1,658	0,0239	458,17	0,692	0,0573	208,17	0,314	0,1264	35
0,0501	1085,1	1,610	0,0318	445,09	0,660	0,0776	195,09	0,287	0,1784	40
0,0673	1068,6	1,560	0,0421	428,6	0,626	0,1049	178,6	0,261	0,2517	45
0,0895	1049	1,508	0,0553	408,02	0,586	0,1423	158,02	0,227	0,3674	50
0,1185	1022,5	1,444	0,0723	382,52	0,539	0,1939	132,52	0,187	0,5588	55
0,1590	991,2	1,378	0,0951	351,21	0,488	0,2685	101,21	0,141	0,9300	60
0,2130	953,1	1,311	0,1239	313,06	0,430	0,3774	63,06	0,0867	1,877	65
0,2915	897	1,211	0,1614	266,91	0,360	0,533	16,91	0,0228	8,737	70
0,4050	851,5	1,133	0,2153	211,5	0,282	0,865		— —		75
0,5890	785,4	1,033	0,286	145,36	0,191	1,548	—			80
0,894	707	0,919	0,388	66,96	0,087	4,108	—			85
1,557	614,5	0,784	0,546				—			90
3,813	506,25	0,638	0,809	—			—			95
—	380	0,473	1,281				— —			100

2. Bestimmung des Maximalgewichtes etc.

ad 3. In die Gleichung 3 ist einzusetzen:

$$t_a = 10^\circ \quad \alpha = 0{,}003665 \quad q = 250 - 9{,}16 = 240{,}84.$$

$$\frac{q\,p}{760} = \frac{240{,}84 \cdot 10336}{760} = 3275{,}4$$

und

$$\gamma_1 = \frac{0{,}0001252 \cdot 3275{,}4}{1 + 0{,}003665 \cdot 10} = 0{,}395 \text{ Kilo (Spalte 20)}.$$

ad 4. 1 cbm Luft enthält also bei 10° und 250 mm absolutem Druck 0,395 kg Luft und (aus Spalte 2) 0,00951 kg Dampf.
Folglich enthält 1 kg Luft:

$$\frac{0{,}00951}{0{,}395} = 0{,}0240 \text{ Kilo Dampf (Spalte 21)}.$$

Aus der Tabelle I erkennt man ganz deutlich, dass 1 kg Luft um so mehr gesättigten Wasserdampf mit sich führen kann, je wärmer sie selbst und je geringer der herrschende Druck ist.

Nach den Spalten 11, 15, 18, 21 der Tabelle I ist das Diagramm gezeichnet worden, welches in der Tafel I dargestellt wird.
Es zeigt das Gewicht an gesättigtem Wasserdampf, welches 1 kg Luft bei den absoluten Spannungen 250—500—760—1140 mm und den Temperaturen von -20 bis $+100^\circ$ aufnehmen kann. Viel Neues ist aus diesem Diagramm nicht zu lernen, allein es ist angenehm, mit einem Blick zu beobachten, wie sich die Dampfaufnahme der Luft bei verschiedenen Temperaturen und Drucken gestaltet.

Mit der Tabelle I als Rüstzeug ausgestattet, kann man nun berechnen, wieviel Luft und wieviel Wärme zur Verdunstung eines bestimmten Gewichtes Wasser unter den verschiedenen Umständen gebraucht wird.

3. Berechnung des nothwendigen Luftgewichtes und Volumens, sowie des geringsten Wärmeaufwandes für Trockenapparate mit vorgewärmter Luft, bei atmosphärischem Druck.

A. Unter der Annahme, dass die Luft vor ihrem Eintritt und bei ihrem Austritt aus dem Apparat ganz mit Wasserdunst gesättigt sei.
Tabelle II.

Die atmosphärische Luft ist selten ganz mit Wasserdunst gesättigt. Der Sättigungsgrad schwankt zwischen 10—100 % und ändert sich oft während eines Tages um 50—60 %. Es wird daher bei der Berechnung des für eine bestimmte Trockenleistung nöthigen Luftgewichtes angezeigt sein, einen hohen Feuchtigkeitsgrad der Aussenluft anzunehmen.

Auch die aus dem Trockenraum entweichende Luft ist fast nie ganz gesättigt. Obgleich dies zu erstrebende Ziel nicht erreicht wird, so sollen doch in diesem Abschnitt die gewünschten Angaben des Luft- und Wärmeverbrauches zunächst für diesen Fall gefunden werden. Später werden dann andere Sättigungsgrade Berücksichtigung finden.

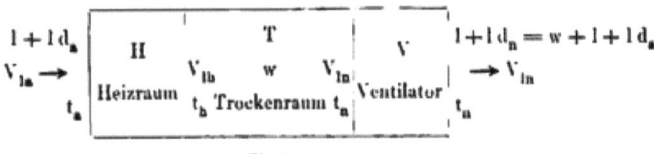

Fig. 1.

Die schematische Figur 1 soll die Vorstellung des einfachen Luft-Trockenapparates geben.

Die Aussenluft 1, welche in 1 kg d_a kg Wasser enthält, tritt mit der Temperatur t_a in den Heizraum, den sie mit der höheren Temperatur t_b verlässt. Durch den Trockenraum T strömend, nimmt die Luft dann das Wassergewicht w auf und kühlt sich dabei auf die Temperatur t_n ab. Gewöhnlich wird ein Ventilator V angewendet, um die warme, mit der Feuchtigkeit $1\,d_n = w + 1\,d_a$ beladene Luft ins Freie zu treiben.

Aus Früherem ist erinnerlich, dass die zum Trocknen zu benutzende Luft zwei Bedingungen erfüllen muss:

3. Berechnung des Luftgewichtes etc.

1. Die Wärmemenge, welche das Luftgewicht 1 und dessen Feuchtigkeit $1\,d_a$ durch ihre Abkühlung im Trockenraum von der Eintrittstemperatur t_h auf die Austrittstemperatur t_n abgeben können, muss zur Erwärmung des Trockengutes von seiner augenblicklichen Temperatur t_a auf die Temperatur t_z und zur Verdampfung des Wassers w genügen.

2. Die Luft muss im Stande sein, bei ihrer Austrittstemperatur t_n das Wassergewicht w als Dampf zu enthalten neben dem Wasserdampf $1\,d_a$, welchen sie aus der Atmosphäre mitbrachte.

Bezeichnen wir mit λ die specifische Wärme der Luft $= 0{,}2375$, mit δ die specifische Wärme des Dampfes $= 0{,}475$, mit C_n die Wärme in Calorien, welche im Trockenraum aufgewendet wird, so ergeben sich aus diesen Bedingungen die Gleichungen:

$$(1\lambda + 1\,d_a\delta)(t_h - t_n) = C_n \qquad (5)$$

$$1(d_n - d_a) = w \qquad (6)$$

oder anders geschrieben

$$1 = \frac{w}{d_n - d_a}, \qquad (7)$$

dies in die Gleichung (5) eingesetzt:

$$\frac{w}{d_n - d_a}(\lambda + d_a\delta)(t_h - t_n) = C_n \qquad (8)$$

oder da $\lambda = 0{,}2375$ und $\delta = 0{,}475$ ist

$$\frac{t_h - t_n}{d_n - d_a} = \frac{C_n}{w\,(0{,}2375 + d_a\,0{,}475)} \qquad (9)$$

In dieser Gleichung (9) sind in jedem Fall bekannt:

w = das in der Zeiteinheit zu verdunstende Wassergewicht,

t_h = die höchste Temperatur der Luft im Heizraum, welche so hoch zu bemessen ist, wie es der zu trocknende Stoff noch vertragen kann,

t_a = die Temperatur der Aussenluft, welche verwendet werden soll,

d_a = das Wassergewicht, in 1 kg atmosphärischer Luft,

C_n = die von der Luft im Trockenraum abzugebende Wärme in Calorien. Sie ist die Summe derjenigen für die Erwärmung des Trockengutes auf seine Austrittstemperatur (t_a) und derjenigen für die Verdunstung des Wassers w aus diesem Trockengut.

Der Gehalt des Trockengutes an festen Stoffen kann gross oder klein sein, wir werden aber im Nachstehenden immer die Wärmemenge, welche zur Erwärmung der festen Stoffe des Trockengutes (oder besser des nach dem Trocknen Verbleibenden) dient, ganz vernachlässigen, weil sie in jedem Falle verschieden ist, stets einen geringen Procentsatz des ganzen Wärmeaufwandes ausmacht und mit dem gesammten bei Ausführung nöthigen Sicherheitszuschlage berücksichtigt werden kann. Wir nehmen also im Folgenden immer an, dass nur die aufzutrocknende Feuchtigkeit w von ihrer ursprünglichen Temperatur t_u (in den Tabellen ist durchgängig $t_u = 15^0$ zu Grunde gelegt), auf die Temperatur t_a beim Luftaustritt zu bringen ist, wozu $w(t_a - t_u)$ Calorien gehören.

Für die Verdampfung von 1 kg Wasser von der Temperatur t_a sind $= 640 - t_a$ Calorien erforderlich.

Die Wärmemenge C_a, welche für die Wasserverdampfung nöthig ist (die Nutzleistung der Trockenanlage), ist demnach:

$$C_a = w(t_a - t_u) + w(640 - t_a)$$

$$C_a = w(640 - t_u). \quad \ldots \ldots \ldots (10)$$

Unbekannt sind in der Gleichung (9) die Grössen t_a und d_a, d. h. Austrittstemperatur und Wassergehalt der abgehenden Luft.

Sofern angenommen wird, dass die Luft beim Austritt mit Wasserdunst gesättigt ist (und nur für diesen Fall gelten die Tabellen I und II), so sind die Grössen t_a und d_a von einander abhängig, derart, dass zu jeder Temperatur t_a ein aus der Tabelle I ersichtlicher Wassergehalt d_a gehört.

Um nun aus der Gleichung 9 die noch unbekannten Grössen t_a und d_a zu finden, muss man die Werthe für die bekannten Grössen einsetzen und dann durch einiges Probiren die Zahlen für t_a und d_a suchen, indem man ein beliebiges t_a wählt, dieses mit dem dazugehörigen, aus Tabelle I ersichtlichen d_a einsetzt, ausrechnet und diese Operation so oft wiederholt, bis die beiden Seiten der Formel gleich werden.

Ist auf diese Weise t_a d. h. die Austrittstemperatur und dadurch d_a d. h. der Wassergehalt der Luft beim Austritt festgestellt, so kann man mit Hülfe der Gleichung 7 das nothwendige Luftgewicht (l) bestimmen (Spalte 2 und 3, Tabelle II), welches zum Trocknen des Wassergewichts w genügt.

Das absolute Gewicht der Feuchtigkeit, welche dies berechnete Luftgewicht l von aussen mit in den Apparat brachte, ergiebt sich, indem man l mit dem Faktor d_a (aus Tabelle I, Spalten 10, 11, 12, 15, 18, 21) multiplicirt (Tabelle II, Spalte 4).

Die ganze Wärmemenge C_g, welche nothwendig ist, um das Luftgewicht l und den in ihr enthaltenen Dunst von ihrer Aussentemperatur t_a auf die höchste Temperatur t_h zu erwärmen, folgt aus der Gleichung:

$$C_g = 1(0{,}2375 + d_a\, 0{,}475)(t_h - t_a). \quad \ldots \quad (11)$$

Je grösser C_g im Verhältniss zu C_n wird, desto unökonomischer arbeitet die Trockenanlage. (Tabelle II, Spalte 8.)

Es ist endlich erwünscht, die Volumina der Luft in den verschiedenen Erwärmungsstadien zu erfahren.

Das Gewicht der Luft (l), welches in den Trockenraum geht, ist gleich dem, welches aus demselben kommt, und wir nehmen an, dass diese Luft jedesmal mit Dampf gesättigt sei, nämlich einmal bei der Temperatur der Atmosphäre t_a, das andere Mal bei der Temperatur des Austritts t_n. Die Spannung der Luft in diesen beiden Fällen ist verschieden, aber bekannt, denn sie ist die Differenz zwischen dem Atmosphärendruck und dem Druck des in der Luft enthaltenen gesättigten Dampfes.

Um nun die gewünschten Volumina V_{la} und V_{ln} des Luftgewichts (l) zu finden, dividirt man das Gewicht von 1 cbm trockener Luft von gleichem Druck (d. h. Atmosphärendruck minus Dampfdruck) und von gleicher Temperatur in das berechnete Luftgewicht (l), d. h. man dividirt die in Tabelle I, Spalte 7, 8, 9, 14, 17, 20 bei den betreffenden Aussen- und Austrittstemperaturen notirten Gewichte in das berechnete Gewicht der Luft (l). So sind die Spalten 5 und 7 der Tabelle II bestimmt.

$$V_{la} = \frac{l}{\gamma_l} \qquad V_{ln} = \frac{l}{\gamma_l}.$$

Um das Volumen V_{lb} der vorgewärmten Luft zu finden in dem Zustande, in welchem sie, den Heizkörper verlassend, in

3. Berechnung des Luftgewichtes etc.

den Trockenraum tritt, muss man anders verfahren. In der stark erwärmten Luft ist der ihr beigemischte Dampf überhitzt und anderen Gesetzen unterworfen als der gesättigte. Bei hohen Temperaturen hat der stark überhitzte Dampf geringere Spannungen als der gesättigte, nämlich diejenigen der sogenannten permanenten Gase, allein in der Nähe seines Kondensationspunktes, und das ist gerade die Gegend, welche im vorliegenden Falle in Betracht kommt, sind die Regeln, welchen der wenig überhitzte Dampf folgt, nicht genau bekannt.

In der Hoffnung, keinen zu grossen Fehler zu begehen, nehmen wir aber für die Rechnung an, dass der hier auftretende, wenig überhitzte Dampf sich auch verhalte wie ein sogenanntes permanentes Gas.

Der Dampf ist mit der Luft diffundirt. In Bezug auf Gewicht, Spannung und Gesammt-Volumen wird nichts geändert, wenn wir diese Diffusion der Luft und des überhitzten Dampfes einen Augenblick aufgehoben denken. Wenn wir uns vorstellen, Dampf und Luft befänden sich bei unveränderter Spannung in zwei nebeneinander liegenden, nur durch eine Wand getrennten Räumen, so würden diese beiden Räume zusammen so gross sein wie der eine Raum, in dem sich vorher Luft und Dampf zusammen befanden; wenn vorher das Gemisch von Luft und Dampf unter dem Druck der Atmosphäre stand (760 mm), so sei dies auch nach der Trennung der Fall. Um das Volumen der Luft-Dampfmischung zu erfahren, braucht man also nur die Volumina der beiden Theile zu addiren.

Es unterliegt keiner Schwierigkeit, das Volumen eines Gewichtes trockener Luft oder überhitzten Dampfes bei bestimmtem Druck und Temperatur zu finden, wenn nach dem Mariotte'schen Gesetz die Formel:

$$\frac{V_1 p}{273+t} = R \quad \text{oder} \quad \frac{V_d p}{273+t} = R \quad \ldots \quad (12)$$

dafür angewendet werden darf, in welcher R = eine für jedes Gas bestimmte Konstante bedeutet.

Diese Konstante R ist für Luft = 29,27 und nach G. Schmidt für überhitzten Dampf = 46,83.

Die Formel für die Bestimmung des Volumens der heissen

3. Berechnung des Luftgewichtes etc.

Luft und des ihr beigemischten Dampfes bei der Temperatur t_h ist demnach:

$$V_g = V_{lh} + V_{dh} = 1\left(\frac{273 + t_h}{p}(29{,}27 + 46{,}83\, d_a)\right). \quad (13)$$

Hiernach ist die Spalte 6 der Tabelle II berechnet.

Um zu verdeutlichen, in welcher Weise die bis hier gediehenen Betrachtungen in speciellen Fällen der Praxis benutzt werden können, soll sogleich ein Beispiel ausgerechnet werden, welches dann auch zugleich zeigt, wie die Zahlen der Tabelle II entstanden sind.

Beispiel. Es sollen 100 kg Wasser durch Luft, deren Maximal-Temperatur nicht mehr als $t_h = 100°$ betragen darf, aufgetrocknet werden, unter der Voraussetzung, dass die atmosphärische Luft sowohl als auch die den Apparat verlassende Luft mit Wasserdampf gesättigt ist und dass der Barometerstand 760 mm beträgt.

Die atmosphärische Luft kann jede vorkommende Temperatur haben. Man wird also genöthigt sein, die gewünschten Angaben für alle möglichen Aussentemperaturen zu berechnen. Weil sich die Rechnungen aber für jede Aussentemperatur wiederholen, so sollen hier nur diejenigen für eine Aussentemperatur von $t_a = 20°$ durchgeführt werden.

Es ist zu bestimmen das für die Trocknung nöthige Luftgewicht (l), die Austrittstemperatur der Luft (t_n), das Volumen derselben vor dem Eintritt V_{la}, nach der Erhitzung auf 100° V_{lh}, beim Austritt V_{ln} und die Wärme C_g, welche aufzuwenden ist.

Die Gleichung 9 lautet:

$$\frac{t_h - t_n}{d_n - d_a} = \frac{C_n}{w(0{,}2375 + d_a\, 0{,}475)}.$$

Darin ist die höchste Lufttemperatur $t_h = 100°$. Die Aussentemperatur ist $t_a = 20°$, und daher der Wassergehalt von 1 kg Luft aus Tabelle I, Spalte 11 $d_a = 0{,}0148$ kg, das zu verdampfende Wassergewicht ist $w = 100$ kg.

Das Trockengut und sein Wassergehalt habe die Temperatur $t_g = 15°$ und daher ist die zum Verdampfen desselben nöthige Wärme:

$$C_n = (640 - 15)\, 100 = 62500 \text{ Calorien}.$$

3. Berechnung des Luftgewichtes etc.

Diese Werthe in die Gleichung 9 eingesetzt:

$$\frac{100 - t_a}{d_a - 0{,}0148} = \frac{62500}{100\,(0{,}2375 + 0{,}0148 \cdot 0{,}475)}$$

$$\frac{100 - t_a}{d_a - 0{,}0148} = 2556{,}2.$$

Die Grössen t_a (Austrittstemperatur) und d_a (Wassergehalt eines kg Luft bei dieser Temperatur) sind von einander direkt abhängig, derart, dass für eine bestimmte Temperatur auch der maximale Wassergehalt der Luft dabei bestimmt und bekannt ist; allein diese Grössen sind nicht durch einander ausdrückbar. Man ist also gezwungen, durch probeweises Einsetzen verschiedener Werthe für t_a und des dazu gehörigen aus Tabelle I, Spalte 11 ersichtlichen d_a so lange zu rechnen, bis die beiden Seiten der Gleichung gleich werden.

Nach einigem Probiren haben wir nun gefunden, dass für $t_a = 36{,}25$ und das zugehörige $d_a = 0{,}0398$ (Tabelle I, Spalte 11 durch Interpoliren)

$$\frac{100 - 36{,}25}{0{,}0398 - 0{,}0148} = 2550$$

wird, was mit dem zu findenden 2556,2 genau genug harmonirt.

Die Austrittstemperatur aus dem Trocken-Apparat ist also 36,25°.

Das Luftgewicht (l) ergiebt sich aus Gleichung 7:

$$l = \frac{w}{d_a - d_e} = \frac{100}{0{,}0398 - 0{,}0148} = 4000 \text{ Kilo.}$$

Das Gewicht der Feuchtigkeit $l d_e$, die ursprünglich in den 4000 kg atmosphärischer Luft enthalten war, findet man durch Multiplikation des Luftgewichtes mit der Zahl, welche angiebt, wieviel gesättigter Dampf in 1 kg Luft von 20° enthalten sein kann, das ist $d_e = 0{,}0148$ (Tabelle I, Spalte 11).

In den 4000 Kilo Luft waren also ursprünglich enthalten

$$l d_e = 4000 \cdot 0{,}0148 = 59{,}20 \text{ kg Wasserdampf.}$$

Das Volumen der Luft V_{le} und V_{la} in cbm vor dem Eintritt und beim Austritt ergiebt sich durch Division des Gewichtes von 1 cbm trockener Luft bei den betreffenden Temperaturen (20° und 36,25°) in das nöthige Luftgewicht (l) (Tabelle I, Spalte 8):

für 20°

$$V_{le} = \frac{4000}{1{,}1771} = 3389 \text{ cbm,}$$

3. Berechnung des Luftgewichtes etc.

für 36,25°

$$V_{ln} = \frac{4000}{1,0750} = 3721 \text{ cbm.}$$

Das Volumen der erhitzten Luft V_{lh} folgt aus Gleichung 13:

$$V_{lh} = l\left[\frac{273 + t_h}{p}(29,27 + 46,83\, d_a)\right],$$

worin zu setzen ist

$p = 10336$ kg $t_h = 100°$ $l = 4000$ kg $l\,d_a = 59,20$ kg,

daher:

$$V_{lh} = \frac{273 + 100}{10336}(29,27 \cdot 4000 + 59,20 \cdot 46,83) = 4323 \text{ cbm.}$$

Endlich ist noch die Wärmemenge C_g zu berechnen, welche zur Erhitzung der 4000 kg Luft und 59,20 kg Wasserdampf von 20° auf 100° nöthig ist; sie erscheint aus Gleichung 11:

$$C_g = (l \cdot 0,2375 + l\,d_a\, 0,475)(t_h - t_a)$$

worin

$l = 4000$ $l\,d_a = 59,20$ $t_h = 100°$ $t_a = 20°$

$C_g = (4000 \cdot 0,2375 + 59,20 \cdot 0,475)(100 - 20) = 78260$ Cal.

In dieser Weise sind die Zahlen der Tabelle II gefunden worden.

Im Allgemeinen wird man zur Bestimmung der Abmessungen einer Anlage für bestimmte Zwecke nur die Grenzfälle brauchen, in denen die zu verwendende Luft entweder am kältesten oder am wärmsten ist; aber bisweilen können auch die Zwischenzahlen angenehm sein; daher sind in dieser Tabelle II einige zwischen den Grenzen liegende Fälle berechnet worden, während später nur diese angegeben sind. Als Grenzen der Lufttemperatur sind −20° und +30° angesehen.

Tabelle II.

Luftgewichte und Volumina, Austrittstemperaturen und Wärmeaufwand, um 100 kg Wasser zu verdunsten bei den Aussentemperaturen $t_a = -20$ bis $+30°$ — den Maximaltemperaturen $t_h = 30$ bis $130°$ — dem Barometerstande $q = 760$ mm — wenn Aussenluft und Austrittsluft ganz mit Wasser gesättigt sind.

1	2	3	4	5	6	7	8
Temperatur der Aussenluft t_a	Temperatur der Luft beim Austritt t_D	Gewicht der trockenen Luft 1 kg	Gewicht der Feuchtigkeit in der Luft 1 d_a kg	Volumen der Luft beim Eintritt V_{la} cbm	Volumen der Luft nach der Erhitzung V_{lh} cbm	Volumen der Luft beim Austritt V_{la} cbm	Wärmeaufwand zur Lufterhitzung C_k Calorien
Maximaltemperatur $t_h = 30°$ C.							
−20	11	13 230	10,09	9 520	11 360	10 780	157 347
−15	11,5	13 550	15,58	9 900	11 641	11 070	145 147
−10	12	14 000	24,08	10 450	11 940	11 470	133 480
− 5	12,75	14 560	36,98	11 048	12 495	11 960	121 660
0	13,5	16 666	64,49	12 650	14 380	13 735	119 640
5	15,5	17 640	97,54	14 050	15 262	14 630	105 625
10	17,25	20 500	158,26	16 645	17 797	17 010	98 880
15	19,75	26 200	282,96	21 850	22 857	22 230	95 340
20	22,75	38 000	665,0	32 285	33 833	32 771	93 000
25	26,0	66 666	1346,65	58 250	59 010	58 530	87 357
30							
Maximaltemperatur $t_h = 35°$ C.							
−20	12,75	11 800	9,00	8 495	10 295	9 694	154 363
−15	13,0	11 830	13,60	8 670	10 318	9 730	140 800
−10	13,5	12 222	21,02	9 134	10 770	10 076	131 085
− 5	14,25	12 900	32,94	9 850	11 356	10 725	120 000
0	15,5	13 100	50,69	10 000	11 458	10 890	109 725
5	17,0	14 550	80,46	11 580	12 792	12 188	104 820
10	19	15 920	123,00	12 900	13 858	13 460	96 225
15	21	19 230	207,68	16 000	17 063	16 430	93 300
20	24	23 260	346,25	19 250	20 670	20 230	85 335
25	27	33 333	673,33	29 107	30 013	29 500	82 350
30	30	66 666	1833,32	59 690	60 706	60 000	82 000

3. Berechnung des Luftgewichtes etc.

1	2	3	4	5	6	7	8
Temperatur der Aussenluft t_a	Temperatur der Luft beim Austritt t_n	Gewicht der trockenen Luft l kg	Gewicht der Feuchtigkeit in der Luft l d_a kg	Volumen der Luft beim Eintritt V_{la} cbm	Volumen der Luft nach der Erhitzung V_{lh} cbm	Volumen der Luft beim Austritt V_{ln} cbm	Wärmeaufwand zur Lufterhitzung C_g Calorien

Maximaltemperatur $t_h = 40°$ C.

t_a	t_n	kg	kg	cbm	cbm	cbm	Calorien
−20	15	10 000	7,63	7 200	8 790	8 290	142 716
−15	15,25	10 150	11,67	7 435	8 928	8 440	132 880
−10	15,5	10 550	18,14	7 865	9 350	8 773	125 710
−5	16,25	10 800	27,43	8 250	9 586	9 015	115 997
0	17,0	11 710	45,32	9 125	10 415	9 881	112 120
5	18,75	12 090	66,86	9 625	10 781	10 335	101 258
10	20,75	13 020	100,51	10 530	11 650	11 100	94 200
15	22,75	15 000	162,0	12 500	13 488	12 935	90 975
20	25,25	17 070	252,64	14 130	15 445	14 910	85 000
25	28,25	21 700	438,34	18 901	19 801	19 660	82 445
30	31,75	32 260	887,25	28 890	29 770	29 170	80 818

Maximaltemperatur $t_h = 50°$ C.

t_a	t_n	kg	kg	cbm	cbm	cbm	Calorien
−20	17,5	8 250	6,33	6 000	7 582	6 950	138 180
−15	18,0	8 300	9,54	6 080	7 592	7 118	128 505
−10	18,5	8 400	14,45	6 278	7 692	7 175	120 120
−5	19,5	8 630	21,92	6 550	7 912	7 350	113 300
0	20,5	8 800	34,06	6 670	8 085	7 500	105 300
5	22,0	9 000	49,77	7 165	8 292	7 610	97 245
10	23,0	9 600	79,72	7 758	8 830	8 446	92 160
15	25	10 640	114,91	8 866	9 906	9 306	90 370
20	27	11 760	174,05	9 809	10 993	10 370	84 250
25	30	13 700	276,74	11 970	12 845	12 267	80 625
30	33,5	15 700	431,75	14 058	14 968	14 410	78 874

3. Berechnung des Luftgewichtes etc.

1	2	3	4	5	6	7	8
Temperatur der Aussenluft t_a	Temperatur der Luft beim Austritt t_d	Gewicht der trockenen Luft 1 kg	Gewicht der Feuchtigkeit in der Luft 1 d_a kg	Volumen der Luft			Wärmeaufwand zur Lufterhitzung C_g Calorien
				beim Eintritt V_{la} cbm	nach der Erhitzung V_{lh} cbm	beim Austritt V_{ln} cbm	
Maximaltemperatur $t_h = 60°$ C.							
−20	21	6600	5,03	4758	6221	5637	125 600
−10	21,5	6800	11,69	5082	6427	5840	113 470
0	23	7000	27,09	5310	6638	6185	100 500
10	25,75	7310	56,43	5935	6974	6400	88 145
20	29,5	8370	123,87	6925	8075	7475	83 248
30	35,25	10310	283,53	9232	10143	9520	77 490
Maximaltemperatur $t_h = 70°$ C.							
−20	24	5430	4,14	3950	5266	4720	116 242
−10	24,5	5555	9,54	4155	5396	4840	105 920
0	26	5610	21,71	4265	5468	5000	94 010
10	28	5950	46,03	4835	5836	5380	86 040
20	31,5	6930	103,30	5775	6922	6305	82 700
30	37,5	8200	225,50	7342	8294	7695	77 200
Maximaltemperatur $t_h = 80°$ C.							
−20	26	4845	3,70	3485	4910	4240	115 250
−10	26,5	4848	8,34	3623	4920	4270	103 950
0	28	4850	18,77	3675	4939	4390	92 880
10	30	5070	39,14	4119	5122	4540	85 610
20	33	5555	82,21	4600	5675	5180	81 498
30	38	6100	167,75	5461	6356	5915	76 400
Maximaltemperatur $t_h = 90°$ C.							
−20	28	4125	3,15	2893	4243	3657	107 910
−10	28,75	4155	7,15	3106	4260	3670	99 010
0	30	4235	16,39	3215	4377	3792	91 170
10	31,75	4370	33,74	3550	4544	3954	84 320
20	34,5	4750	70,30	3925	5195	4366	81 340
30	39,5	4950	136,13	4432	5308	4710	75 400

3. Berechnung des Luftgewichtes etc.

1	2	3	4	5	6	7	8
Temperatur der Aussenluft	Temperatur der Luft beim Austritt	Gewicht der trockenen Luft 1	Gewicht der Feuchtigkeit in der Luft 1 d_n	Volumen der Luft			Wärmeaufwand zur Lufterhitzung C_g
				beim Eintritt V_{1a}	nach der Erhitzung V_{1h}	beim Austritt V_{1n}	
t_a	t_n	kg	kg	cbm	cbm	cbm	Calorien
Maximaltemperatur $t_h = 100°$ C.							
−20	30,5	3610	2,75	2532	3820	3245	103 080
−10	31	3630	6,24	2710	3875	3275	95 150
0	32	3670	14,20	2780	3901	3267	87 900
10	34	3740	28,87	3035	4000	3430	81 180
20	36,25	4000	59,20	3389	4323	3721	78 860
30	41	4050	111,38	3626	4503	3840	74 980
Maximaltemperatur $t_h = 110°$ C.							
−20	32	3290	2,51	2375	3615	2980	101 790
−10	32,5	3300	5,68	2465	3621	3000	95 040
0	33,5	3333	12,89	2529	3680	3101	87 780
10	35	3460	26,71	2809	3845	3195	83 400
20	37,5	3560	52,69	2947	4003	3341	78 300
30	41,75	3690	101,48	3304	4228	3575	74 000
Maximaltemperatur $t_h = 120°$ C.							
−20	33,6	2980	2,27	2089	3318	2722	100 632
−10	34	3000	5,16	2245	3346	2750	92 950
0	35	3015	11,67	2285	3374	2795	86 640
10	36,5	3080	23,78	2505	3450	2870	81 730
20	39	3150	46,62	2607	3587	3031	77 000
30	42,75	3230	88,83	2892	3751	3150	72 810
Maximaltemperatur $t_h = 130°$ C.							
−20	35,5	2700	2,06	1895	3086	2495	96 300
−10	36	2720	4,68	2033	3113	2432	90 720
0	36,5	2753	10,65	2088	3162	2565	85 540
10	37,75	2800	21,63	2274	3262	2630	81 000
20	40,25	2860	42,33	2365	3342	2730	77 000
30	43,75	2895	79,61	2592	3451	2845	72 600

3. Berechnung des Luftgewichtes etc.

Aus der Tabelle II kann man Manches lernen.

Zunächst sieht man, dass der Wärmeverbrauch beim Trocknen mit Luft sehr abnimmt mit der Temp.-Höhe, bis zu der die Luft vorgewärmt wird (t_h). Bei geringer Lufterwärmung ist der Wärmeaufwand C_g zum Auftrocknen von 100 kg Wasser sehr gross, 2—3 mal so gross als die zum Verdampfen des Wassers theoretisch nöthige Wärme C_a.

Sodann erkennt man, dass die aufzuwendende Wärme stark zunimmt, wenn die Aussentemperatur abnimmt. Je kälter die Atmosphäre ist, um so mehr Wärme braucht man zum Auftrocknen von 100 kg Wasser.

Ferner ist zu beobachten, dass das in den Trockenraum zu führende Gewicht der Luft zunimmt mit ihrer zunehmenden Wärme. Je kälter die Aussentemperatur ist, um so weniger Luft braucht man bei gleicher Maximal-Temperatur in einen Trocken-Apparat zu leiten, vorausgesetzt, dass die atmosphärische Luft immer mit Wasserdampf gesättigt gedacht wird. Aber die geringere Menge kalter Luft erfordert doch zu ihrer Vorwärmung auf die Temperatur t_h viel mehr Calorien als die grössere Menge Luft von höherer Aussentemperatur.

Es folgen hieraus die Regeln:
1. dass man der Heizluft vor ihrem Eintritt in den Trockenraum stets die für den zu trocknenden Stoff höchste zulässige Temperatur geben soll,
2. dass man die Heizflächen so gross wählen muss, dass sie auch an den kältesten Tagen ausreicht,
3. dass man die Luftbewegungsvorrichtung so gross anordnen soll, dass sie auch an den wärmsten Tagen das grosse Luftquantum fördern kann.

In kalten Tagen sind dann die Heizflächen hinreichend, die Luftbewegungseinrichtungen aber zu gross; man kann die letzten dann weniger beanspruchen. In warmen Tagen sind die Luftbewegungsvorrichtungen genügend und die Heizflächen zu gross, man darf sie nur theilweise benutzen.

Das für die Trocknung in der Zeiteinheit gebrauchte Luftgewicht hat ein sehr veränderliches Volumen. Vor dem Eintritt in den Trockenraum ist es am kleinsten (Tabelle II, Spalte 5), nach dem Erhitzen ist es am grössten (Spalte 6), beim Austritt aus dem Trockenraum hat es eine mittlere Grösse (Spalte 7).

3. Berechnung des Luftgewichtes etc.

Um der Luft in keinem Theile des Apparates eine übermässige Geschwindigkeit zu geben, wird man die Kanäle, die Querschnitte, welche die Luft durchströmen muss, diesem verschiedenen Raumbedürfniss entsprechend bemessen. Wenn die Luftbewegung mechanisch geschehen soll, so ist es immer am bequemsten, wenig Luft zu bewegen. Daher könnte es angezeigt erscheinen, die mechanische Luftbewegungs-Vorrichtung (Ventilator etc.) vor dem Heizraum anzuordnen. Geht dies nicht an, so soll man sie am Austritt aufstellen, aber hinter dem Heizraum wäre der Ventilator am ungünstigsten angebracht.

Die Ventilatoren bewirken in dem angesaugten Luftstrom eine kleine Verdünnung, im gepressten Luftstrom eine kleine Verdichtung und weil es, wie später noch deutlich werden wird, für die Leistung und für den Wärmeverbrauch günstig ist, wenn im Trockenraum die Spannung geringer ist als in der umgebenden Luft, so ist die Anwendung des Ventilators am Ausgang der Luft zu empfehlen. Es ist also anzurathen, die Luft nicht in den Trockenraum zu drücken, sondern aus demselben abzusaugen.

Der Barometerstand schwankt in der Ebene vielleicht zwischen 740 und 780 mm. Die Tabelle II ist nur für denjenigen von 760 mm berechnet, weil selbst so grosse und seltene Schwankungen wie 20 mm Quecksilbersäule nur einen sehr geringen Einfluss auf das Gewicht und das Volumen der benöthigten Luft ausüben, sodass dieser Einfluss bei den Zahlen der Tabelle sich kaum bemerklich machen würde. Aber so gering immer der Einfluss ist, so ist er doch zu Gunsten des höheren Barometerstandes; d. h. je höher der Barometerstand, desto weniger Luft braucht man zum Trocknen und desto billiger trocknet man unter sonst gleichen Umständen. Je niedriger der Barometerstand, desto mehr Luft und Wärme ist nöthig zum Auftrocknen eines bestimmten Gewichtes Wasser. Allerdings ist das Mehr oder Weniger, welches zu Gunsten des Druckes spricht, sehr gering.

Das Gesagte gilt nur für die Annahme, dass der Druck im Trockenraum gleich dem der Umgebung ist; nur wenn der Barometerstand im Trockenraum und ausserhalb desselben gleich ist, hat ein hoher Druck Vortheile. Anders ist es aber, wenn künstlich im Trockenraum eine andere, höhere oder niedrigere Spannung erzeugt wird, als sie in der Atmosphäre herrscht. In diesen Fällen ist, wie wir in Abschnitt 4 sehen werden, der niedrigere Druck im Apparat vortheilhaft.

3. Berechnung des Luftgewichtes etc.

B. Wenn die atmosphärische Luft vor ihrem Eintritt ganz, bei ihrem Austritt aber nur $^3/_4$—$^1/_2$—$^1/_4$ mit Wasserdampf gesättigt ist.

Tabellen III, IV, V, VI.

Für die Berechnung der Tabellen I und II war angenommen worden, dass die atmosphärische, in den Apparat zu führende Luft und ebenso die den Apparat verlassende Luft vollkommen mit Wasserdampf gesättigt seien, und nur für diesen Fall sind die Zahlen dieser Tabellen zu verstehen.

Allein diese vollkommene Sättigung der Luft beim Eintritt und Austritt kommt doch wohl kaum vor. Weder ist die atmosphärische Luft ganz mit Wasser angefüllt, noch auch gelingt es, die Trocken-Apparate so einzurichten, dass die Luft sie in diesem Zustande verlässt.

Wir wollen nun die Fälle betrachten, in denen die Luft zwar **ganz gesättigt in den Apparat strömt, denselben aber nicht ganz gesättigt verlässt.**

Die Luft ist gesättigt, wenn die Volumeneinheit derselben so viel Wassergewicht enthält, als diese Volumeneinheit auch ohne Anwesenheit der Luft enthalten könnte. Die Luft ist $^3/_4$, $^1/_2$, $^1/_4$ mit Wasserdampf gesättigt, wenn ihre Volumeneinheit $^3/_4$, $^1/_2$, $^1/_4$ von dem Gewicht an Wasser enthält, welches sie im Maximum enthalten kann.

Mit dem abnehmenden Sättigungsgrade der Luft nimmt auch die Spannung des Wasserdampfes in der Luft ab, und da der barometrische Druck die Summe von Wasser- und Luftdruck ist, so folgt, dass die Volumeneinheit ein um so grösseres Luftgewicht enthält, ein je geringeres Wassergewicht sie einschliesst.

Um für die sogleich folgenden Rechnungen die nöthigen Zahlen zur Hand zu haben, ist die Tabelle III aufgestellt worden, in welcher die Spannungen und Kubikmetergewichte von Wasserdampf und Luft bei Sättigungsgraden von $^3/_4$—$^1/_2$—$^1/_4$ angegeben sind (und zwar nur für den Barometerstand von 760 mm, weil dessen Schwankungen erhebliche Aenderungen der mitgetheilten Zahlen nicht ergeben).

In den Spalten 2, 7, 12 der Tabelle III sind die Gewichte von 1 cbm des $^3/_4$, $^1/_2$, $^1/_4$ gesättigten Wasserdampfes bei den Temperaturen von $-20°$ bis $+100°$ vermerkt. Sie

Tabelle III.

Spannungen und Kubikmetergewichte des $^3/_4$, $^1/_2$, $^1/_4$ Gehalt von 1 kg Luft an $^3/_4$, $^1/_2$, $^1/_4$ gesättigtem den Temperaturen

1	2	3	4	5	6	7	8
	\multicolumn{5}{c}{Die Luft ist $^3/_4$ mit Wasserdampf gesättigt}	\multicolumn{2}{c}{Die Luft ist $^1/_2$}	
Temperatur ° C.	Gewicht des Dampfes in 1 cbm kg	Spannung des Dampfes q_d mm	Spannung der Luft q_1 mm	Gewicht der trocknen Luft in 1 cbm kg	1 kg Luft enthält Dampf d kg	Gewicht des Dampfes in 1 cbm kg	Spannung des Dampfes q_d mm
— 20	0,00080	0,697	759,3	1,390	0,000575	0,00053	0,461
— 15	0,00122	1,080	759	1,366	0,00090	0,00078	0,720
— 10	0,00175	1,325	758,7	1,339	0,00130	0,00115	0,816
— 5	0,00252	2,320	757,7	1,317	0,00192	0,00168	1,540
± 0	0,00372	3,444	756,6	1,286	0,00288	0,00288	2,254
5	0,00522	4,999	755	1,261	0,00414	0,00348	3,32
10	0,00713	6,886	753,1	1,235	0,00577	0,00475	4,55
15	0,00974	9,54	750,5	1,208	0,00806	0,00640	6,36
20	0,01317	13,2	746,8	1,194	0,01103	0,00877	8,84
25	0,01736	17,8	752,2	1,169	0,01485	0,01156	11,8
30	0,0231	24,1	735,9	1,128	0,0205	0,0154	16,1
35	0,0298	31,0	729	1,101	0,0270	0,0199	20,6
40	0,0384	41,3	718,7	1,067	0,0351	0,0256	27,54
45	0,0492	53,1	707	1,032	0,0476	0,0328	35,4
50	0,0626	69,2	691	0,994	0,0625	0,0417	46,3
55	0,0723	81,6	679	0,951	0,076	0,0522	54,4
60	0,0984	112,8	647,2	0,899	0,109	0,0656	75,0
65	0,1217	141,5	618,5	0,850	0,143	0,0811	94,3
70	0,1494	175,6	584,4	0,789	0,189	0,0996	117,7
75	0,1830	218,9	541,1	0,722	0,253	0,1220	145,9
80	0,2109	255,1	505	0,665	0,317	0,1479	180,0
85	0,2681	330,0	420	0,546	0,491	0,1787	220,0
90	0,3210	401,1	359	0,458	0,700	0,214	267,4
95	0,3830	485,0	275	0,347	1,104	0,255	323,4
100	0,4845	619,0	141	0,176	2,750	0,303	412,6

Tabelle III.

gesättigten Dampfes und der trocknen Luft dabei, Wasserdampf bei dem Barometerstande von 760 mm und — 20 bis + 100°.

9	10	11	12	13	14	15	16
mit Wasserdampf gesättigt			Die Luft ist $^1/_4$ mit Wasserdampf gesättigt				
Spannung der Luft q_1	Gewicht der trocknen Luft in 1 cbm	1 kg Luft enthält Dampf d	Gewicht des Dampfes in 1 cbm	Spannung des Dampfes q_d	Spannung der Luft q_1	Gewicht der trocknen Luft in 1 cbm	1 kg Luft enthält Dampf d
mm	kg	kg	kg	mm	mm	kg	kg
759,5	1,395	0,00038	0,00027	0,235	759,8	1,390	0,00020
759,3	1,367	0,00057	0,00044	0,360	759,7	1,367	0,00032
759,2	1,340	0,00086	0,00060	0,408	759,6	1,341	0,000447
758,5	1,319	0,00127	0,00084	0.770	759,2	1,320	0,000636
757,75	1,288	0,00220	0,00124	1,164	758,8	1,290	0,00100
756,7	1,264	0,00275	0,00174	1,660	758,3	1,267	0,00136
755,4	1,238	0,00338	0,00238	2,275	757,7	1,237	0,00192
753,7	1,213	0,00530	0,00325	3,180	756,8	1,218	0,00257
751,2	1,190	0,00737	0,0044	4,440	755,5	1,197	0,00369
748,2	1,154	0,01000	0,0058	5,930	754,0	1,172	0,00500
744,0	1,141	0,0135	0,0077	8,03	752,0	1,153	0,00668
739,4	1,116	0,0170	0,0099	10,30	749,7	1,132	0,00874
732,5	1,087	0,0235	0,0128	13,772	746,2	1,107	0,0115
724,6	1,057	0,0310	0,0164	17,70	742,3	1,084	0,0151
713,7	1,026	0,0406	0,0209	23,0	737,0	1,060	0,0197
705,6	0,996	0,0530	0,0261	27,2	733,0	1,045	0,0250
685,0	0,952	0,0689	0,0328	37,5	722,5	1,004	0,0300
665,7	0,915	0,0886	0,0406	47,17	712,8	0,980	0,0470
612,3	0,867	0,1149	0,0496	58,9	701,1	0,946	0,0524
614,1	0,820	0,1485	0,061	72,9	687,0	0,917	0,0665
580,0	0,763	0,1938	0,073	90,0	670,0	0,882	0,0827
540,0	0,702	0,2540	0,0894	110,0	650,0	0,845	0,106
492,6	0,628	0,3407	0,107	133,7	626,3	0,799	0,134
436,6	0,551	0,4630	0,128	161,7	598,3	0,755	0,169
347,4	0,433	0,7000	0,1515	206,3	553,7	0,689	0,220

30 3. Berechnung des Luftgewichtes etc.

wurden gefunden, indem der entsprechende Theil des Dampfgewichtes von 1 cbm aus Tabelle I, Spalte 2, eingesetzt wurde, z. B. bei -20^0 wiegt 1 cbm gesättigten Wasserdampfes 0,00106 kg; folglich wiegt 1 cbm, der die Hälfte des gesättigten Dampfes bei dieser Temperatur enthält, $\frac{0,00106}{2} = 0,00053$ kg (Spalte 7).

In den Spalten 3, 8, 13 stehen die **Spannungen dieses Dampfes**; der nur theilweise gesättigte Dampf ist als überhitzt angesehen worden und die Formel 12:

$$\frac{V_d \cdot p_1}{273 + t} = R,$$

worin $R = 46,83$ ist, auf ihn angewendet.

Das Gewicht von 1 cbm Dampf ist:

$$\gamma_d = \frac{1}{V_d} \quad \text{und} \quad V_d = \frac{1}{\gamma_d}.$$

Der Druck p_1 in kg pro qm bei dem eben betrachteten absoluten Druck q_d, gemessen durch die Quecksilbersäule, ergiebt sich:

$$p_1 = \frac{p \cdot q_d}{760} = \frac{10336 \cdot q_d}{760},$$

worin p den Druck der Atmosphäre pro qm $= 10336$ kg bedeutet.
Die Gleichung 12 erhält also die Form:

$$R = \frac{\frac{1}{\gamma_d} \cdot \frac{10336 \cdot q_d}{760}}{273 + t}.$$

Die Spannung des nicht gesättigten Dampfes in der Luft folgt also:

$$q_d = \frac{R (273 + t) \gamma_d \, 760}{10336}.$$

Hierdurch sind die Spalten 3, 8, 13 der Tabelle III berechnet.

Beispiel. Bei einer Temperatur von -20^0 und einem Sättigungsgrade von 50% ($= \frac{1}{2}$) ist die Spannung des Dampfes in mm Quecksilbersäule:

$$q_d = \frac{46,83 \, (273-20) \, 0,00053 \cdot 760}{10336} = 0,461 \text{ mm}.$$

3. Berechnung des Luftgewichtes etc.

Die Spalten 4, 9, 14, in welchen die Spannung der Luft notirt ist, ergeben sich als die Differenzen aus dem Atmosphärendruck von 760 mm und dem Druck des Dampfes q_d.

Beispiel. Bei dem eben angeführten Fall ist die Spannung der Luft:

$$q_1 = 760 - 0{,}461 = 759{,}539 \text{ mm.}$$

In den Spalten 5, 10, 15 findet sich das Gewicht der trockenen Luft in einem Kubikmeter, der ausserdem $3/4$, $1/2$, $1/4$ gesättigten Dampf enthält, bestimmt nach der Gleichung 3:

$$\gamma_1 = \frac{0{,}0001252}{1+\alpha t} \cdot \frac{p \cdot q_1}{760}.$$

Die Werthe für p und α eingesetzt, folgt:

$$\gamma_1 = \frac{0{,}0001252 \cdot 10336 \cdot q_1}{(1+0{,}003665\, t)\, 760}.$$

In dem eben angeführten Beispiel für $t_n = 20^\circ$ und $1/2$ Sättigung war $q_1 = 759{,}539$ und daher das Luftgewicht in 1 cbm:

$$\gamma_1 = \frac{0{,}0001252 \cdot 10336 \cdot 759{,}539}{(1+0{,}003665 \cdot 20) \cdot 760} = 1{,}395 \text{ Kilo.}$$

Endlich ergeben sich die Spalten 6, 11, 16, in denen das Dampfgewicht steht, welches in 1 kg Luft enthalten ist, durch Division des Luftgewichts (Spalte 10) in das Dampfgewicht (Spalte 7).

Beispiel. Für $t = -20^\circ$ und $1/2$ Sättigung

$$d = \frac{\gamma_d}{\gamma_1} = \frac{0{,}00053}{1{,}395} = 0{,}00038 \text{ Kilo.}$$

So ist die Tabelle III zusammengestellt.

Mit Hülfe der Tabelle III sind nun die Tabellen IV, V, VI berechnet worden, welche für die Fälle, in denen die Aussenluft ganz, die Austrittsluft aber nur $3/4$ (IV) oder $1/2$ (V) oder $1/4$ (VI)

3. Berechnung des Luftgewichtes etc.

gesättigt ist, die zum Auftrocknen von 100 Kilo Wasser nothwendigen Luftgewichte und Volumina, die Austrittstemperatur und den Wärmeverbrauch angeben, ganz ähnlich wie es die Tabelle II für ganz gesättigte Austrittsluft thut.

Die Art der Berechnung ist ganz der im Abschnitt I A. auseinandergesetzten ähnlich, doch soll zu näherer Deutlichkeit ein Beispiel durchgeführt werden.

Beispiel. Es sollen bei dem Barometerstande von 760 mm $w = 100$ kg Wasser aufgetrocknet werden durch Luft, die im Maximum auf $t_h = 100°$ erhitzt werden darf, wenn die Aussentemperatur $t_a = \pm 0°$ ist; dabei wird angenommen, dass die Aussenluft ganz, die aus dem Apparat gehende Luft nur $3/4$ mit Wasserdampf gesättigt ist. Die Temperatur des Trockengutes sei $t_u = 15°$.

Nach Gleichung 9 ist:

$$\frac{t_h - t_u}{d_u - d_a} = \frac{C_n}{w(0{,}2375 + d_a \cdot 0{,}475)},$$

folglich für:

$t_h = 100°$ $w = 100$ Kilo $C_n = 62500$ $d_a = 0{,}00387$

(Tabelle I, Spalte 11):

$$\frac{100 - t_u}{d_n - 0{,}00387} = \frac{62500}{100(0{,}2375 + 0{,}00387 \cdot 0{,}475)} = 2616.$$

Durch probeweises Einsetzen verschiedener Werthe für t_u und das dazugehörige d_n aus Tabelle III, Spalte 6, findet man endlich $t_u = 36°$ und $d_n = 0{,}0284$, welche die linke Seite $= 2610$ machen. Die Austrittstemperatur ist also 36°.

Das nöthige Luftgewicht (l) ergiebt sich aus Gleichung 7:

$$l = \frac{100}{d_n - 0{,}00387} = \frac{100}{0{,}0284 - 0{,}00387} = 4076 \text{ Kilo.}$$

Der gesättigte Wasserdunst, welcher ursprünglich in 4076 kg Luft enthalten war, ist $l \cdot d_a = 4076 \cdot 0{,}00387 = 15{,}774$ kg.

Das Volumen V_{la} der 4076 kg Luft von $t_a = 0°$ ist nach Tabelle I, Spalte 8:

$$V_{la} = \frac{4076}{1{,}2832} = 3176 \text{ cbm.}$$

3. Berechnung des Luftgewichtes etc.

Das Volumen V_{lh} der Luft nach Erhitzung auf $100°$ ergiebt sich aus Gleichung 12, in welche einzusetzen ist:

$$t_h = 100° \qquad l = 4076 \qquad l_{da} = 15,8$$

$$V_{lh} = \frac{273 + 100}{10336}(29,27 \cdot 4076 + 46,83 \cdot 15,8) = 4333,6 \text{ cbm.}$$

Beim Austritt aus dem Apparat, d. h. bei einer Temperatur von $t_a = 36°$ und bei $^3/_4$ Sättigung ist das Volumen V_{la} der 4076 kg Luft nach Tabelle III, Spalte 5 (Interpolation):

$$V_{la} = \frac{4076}{1,094} = 3725,8 \text{ cbm.}$$

Endlich findet sich die für die Erhitzung der Luft nöthige Wärme nach Gleichung 11:

$$C_g = (4076 \cdot 0,2375 + 15,8 \cdot 0,475)(100 - 0) = 97655 \text{ Cal.}$$

In dieser Weise sind die Tabellen IV, V, VI berechnet.

Ein Vergleich der Tabelle II mit IV, V, VI lehrt, dass der nöthige Luft- und Wärme-Verbrauch mit abnehmendem Sättigungsgrade der abgehenden Luft zwar nicht proportional, sondern in geringerem Grade, aber doch sehr erheblich wächst: dass bei hoher Vorwärmung der Luft die Unterschiede am geringsten, bei niedriger Vorwärmung am grössten werden und dass bei sehr warmer Aussenluft und niedriger Maximaltemperatur eine Trockenwirkung überhaupt nicht eintritt, wie dies die Tabellen für $35°$ und $50°$ Maximaltemperatur bei $30°$ Aussentemperatur andeuten.

Zu dem Zweck, um durch den Augenschein einen Ueberblick über die Veränderungen zu bekommen, welche die Luftmenge, die Austrittstemperatur und der Wärmeverbrauch erleiden, wenn die Aussentemperatur und die höchste Lufterhitzungstemperatur sich ändern, ist nach Tabelle IV das Diagramm Tafel II gezeichnet worden.

34   3. Berechnung des Luftgewichtes etc.

Tabellen IV, V, VI.

Austrittstemperaturen — Gewichte und Volumina der Luft — Wärmeaufwand, um 100 kg Wasser zu verdunsten bei Aussentemperaturen von — 20 bis + 30°, den Maximaltemperaturen 35, 50, 70, 100, 130°, dem Barometerstande 760 mm, wenn die Aussenluft ganz, die Austrittsluft nur $^3/_4$, $^1/_2$, $^1/_4$ mit Wasser gesättigt ist.

Tabelle IV.

Aussenluft ganz — Austrittsluft $^3/_4$ gesättigt. Druck im Trockenraum q = 760 mm.

1	2	3	4	5	6	7	8	9	10
Temperatur der gesättigten Aussenluft t_a°	Temperatur der Luft beim Austritt t_u	Gewicht der trocknen Luft (l) kg	Gewicht der Feuchtigkeit in der Luft $l \cdot d_u$ kg	Volumen der Luft beim Eintritt V_{Ia} cbm	Volumen der Luft nach der Erhitzung V_{Ib} cbm	Volumen der Luft beim Austritt V_{Iu} cbm	Wärmeaufwand zur Lufterhitzung C_g Calorien	Temperatur der $^3/_4$ gesättigten Aussenluft	Calorien, wenn die Eintrittsluft $^3/_4$ gesättigt ist, C_g'
Maximaltemperatur $t_h = 35°$									
— 20	14,6	12 720	9,7	9 158	11 108	10 316	166 408	— 25	152 162
0	18,6	15 720	60,8	12 256	13 499	13 123	130 763	— 5	113 151
15	24,75	24 300	262,4	20 250	21 384	20 770	116 640	10	89 424
20	27,25	37 040	548,2	31 470	32 595	32 200	133 344	15	91 860
25	30,75	71 430	1442,9	62 280	63 572	63 620	171 434	20	91 433
Maximaltemperatur $t_h = 50°$									
— 20	21	9 000	6,87	6 478	8 229	7 561	149 849	— 25	139 769
0	24	9 823	38	7 655	9 026	8 367	117 550	— 5	106 549
15	28,5	12 500	135	10 424	11 625	11 062	105 875	10	90 875
30	38	20 412	561	18 274	19 460	18 896	102 275	25	67 187
Maximaltemperatur $t_h = 70°$									
20	27,1	6 075	4,64	4 374	5 911	5 272	130 050	— 25	123 246
0	29,25	6 337	24,5	4 938	6 196	5 588	106 159	— 5	98 062
15	33,5	7 142	77,1	5 950	7 028	6 493	949 886	10	85 918
30	41,66	8 621	239	7 719	8 749	8 164	839 944	25	71 298
Maximaltemperatur $t_h = 100°$									
20	35,25	3 963	3,02	2 853	4 193	3 608	113 113	— 25	108 675
0	36	4 076	15,8	3 176	4 334	3 726	97 655	— 5	93 090
15	39,5	4 130	45,9	3 540	4 561	4 000	87 361	10	82 265
30	45,75	4 505	123,9	4 034	4 968	4 383	79 013	25	73 450
Maximaltemperatur $t_h = 130°$									
— 20	40,1	2 896	2,21	2 085	3 265	2 716	103 320	— 25	100 077
0	41,3	2 900	11,2	2 260	3 322	2 741	90 227	— 5	86 979
15	43,75	3 000	32,4	2 500	3 483	2 960	83 490	10	74 890
30	49,4	3 003	82,6	2 689	3 570	3 033	74 996	25	71 288

3. Berechnung des Luftgewichtes etc.

Tabelle V.

Aussenluft ganz — Austrittsluft $\frac{1}{2}$ gesättigt. Druck im Trockenraum $q = 760$ mm.

1	2	3	4	5	6	7	8	9	10
				\multicolumn{3}{c}{Volumen der Luft}			
Temperatur der gesättigten Aussenluft t_a	Temperatur der Luft beim Austritt t_n	Gewicht der trockenen Luft (l) kg	Gewicht der Feuchtigkeit in der Luft $l \cdot d_a$ kg	beim Eintritt V_{la} cbm	nach der Erhitzung V_{lh} cbm	beim Austritt V_{ln} cbm	Wärmeaufwand zur Lufterhitzung C_g Calorien	Temperatur der $\frac{3}{4}$ gesättigten Aussenluft	Calorien, wenn die Eintrittsluft $\frac{3}{4}$ gesättigt ist, C_g'

Maximaltemperatur $t_h = 35°$.

—20	17,75	15 151	11,56	10 907	13 231	12 621	198 212	—25	181 242
0	23	19 762	76,5	15 400	17 344	16 922	165 543	—5	143 410
12,5	27,00	44 444	44,1	36 500	38 667	38 600	240 886	7,5	191 069
17,5	30,75	70 000	906	58 820	61 600	61 400	290 800	12,5	212 400

Maximaltemperatur $t_h = 50°$.

—20	24,3	10 582	8,08	7 618	9 678	9 154	176 190	—25	164 339
0	28,25	11 736	45,32	9 146	10 784	10 210	140 441	5	127 712
30	44,2	42 553	1170	38 191	40 505	40 070	233 220	25	180 672

Maximaltemperatur $t_h = 70°$.

20	32,5	6 990	5,33	5 033	6 801	6 100	149 634	—25	141 866
0	35,25	7 463	28,9	5 832	7 297	6 711	123 262	—5	114 904
30	47,5	10 753	295,7	9 628	10 906	10 329	107 768	25	94 460

Maximaltemperatur $t_h = 100°$.

—20	40,1	4 366	3,33	3 144	4 619	4 010	124 621	—25	119 733
0	41,8	4 444	17,2	3 468	4 724	4 260	106 362	—5	101 385
30	52,5	5 155	141,7	4 616	5 687	5 099	90 412	25	84 046

Maximaltemperatur $t_h = 130°$.

—20	46,1	3 125	2,36	2 250	3 173	2 975	111 493	—25	107 993
0	47,5	3 135	12,1	2 443	3 592	3 006	97 500	—5	93 989
30	56,5	3 309	90,75	2 963	3 923	3 358	82 685	25	78 599

Tabelle VI.

Aussenluft ganz — Austrittsluft $1/4$ gesättigt. Druck im Trockenraum $q = 760$ mm.

1	2	3	4	5	6	7	8	9	10
				Volumen der Luft					
Temperatur der gesättigten Aussenluft t_a	Temperatur der Luft beim Austritt t_n	Gewicht der trockenen Luft (l) kg	Gewicht der Feuchtigkeit in der Luft $1 \cdot d_a$ kg	beim Eintritt V_{la} cbm	nach der Erhitzung V_{lh} cbm	beim Austritt V_{ln} cbm	Wärmeaufwand zur Lufterhitzung C_g Calorien	Temperatur der $2/4$ gesättigten Aussenluft	Calorien, wenn die Eintrittsluft $2/4$ gesättigt ist, C'_g

Maximaltemperatur $t_h = 35°$.

—20	24,5	24 940	18,93	17 955	21 721	21 234	326 271	—25	298 339
0	29	40 820	157,97	31 811	35 820	34 950	340 915	—5	295 197
7,5	32	72 460	479,7	58 430	63 330	63 560	478 236	2,5	397 081
10	33,8	112 300	865,8	91 080	99 263	98 770	673 800	5	548 024

Maximaltemperatur $t_h = 50°$.

—20	32,3	14 760	11,26	10 626	13 496	12 028	245 749	—25	229 749
0	35,9	18 520	71,7	14 443	17 017	16 433	221 686	—5	200 944
10	39	25 640	199,2	20 800	23 717	23 310	244 144	15	214 428

Maximaltemperatur $t_h = 70°$.

—20	41,75	8 873	6,77	6 400	8 633	8 067	189 445	—25	183 551
0	43,6	9 852	38,1	7 678	9 333	9 034	165 116	—5	154 082
30	60,3	27 000	742,5	21 167	27 371	26 865	270 570	25	237 225

Maximaltemperatur $t_h = 100°$.

—20	50,3	5 263	4,02	3 789	5 568	4 990	150 223	25	144 423
0	52,33	5 460	21,1	4 255	5 805	5 185	130 677	—5	124 562
30	63,5	6 862	188,70	6 144	7 527	6 850	120 351	25	111 877

Maximaltemperatur $t_h = 130°$.

—20	58,5	3 600	2,75	2 620	4 104	3 575	94 193	—25	90 193
0	60,25	3 704	14,33	2 886	4 243	3 692	115 258	—5	111 110
30	68,8	4 255	117	3 809	5 057	4 364	106 606	25	101 252

Auf der Abscisse sind die Aussentemperaturen von -20^0 bis $+30^0$ abgesteckt und auf den Ordinaten die Werthe für die Volumina der Austrittsluft V_{ln}, der Austrittstemperatur t_n und des Wärmeverbrauchs C_s angegeben, und zwar für 5 Fälle, nämlich wenn die höchste Luft-Temperatur t_h $35^0 - 50^0 - 70^0 - 100^0 - 135^0$ beträgt, alles geltend für eine Verdunstung von 100 kg Wasser.

Die Ordinatenzahlen geben die Austrittstemperaturen in ^{0} Cels. unmittelbar, aber um die richtigen Werthe der Austrittsluftvolumina V_{ln} in Kubikmetern und den Wärmeverbrauch C_s in Calorien zu erhalten, muss man die Ordinatenzahlen mit 1000 multipliciren.

Des leichteren Ueberblicks wegen sind die Kurvenlinien verschieden ausgezogen (dick, dünn, gestrichelt, punktirt) und immer die zu derselben höchsten Lufttemperatur gehörigen in gleicher Weise ausgeführt.

C. Wenn die atmosphärische Luft vor ihrem Eintritt in den Trockenapparat nicht mit Wasserdampf gesättigt ist. Tabelle VII.

Wenn die atmosphärische Luft vor ihrem Eintritt in den Trockenapparat nicht ganz mit Wasserdampf gesättigt ist, so bedeutet das nichts anderes, als dass 1 kg der atmosphärischen Luft nicht so viel Wasser enthält, als es bei seiner dermaligen Temperatur in maximo enthalten kann, sondern nur soviel, wie es bei einer niederen Temperatur in maximo enthalten könnte.

Z. B. 1 kg Luft von 15^0 kann im gesättigten Zustande 0,0108 kg Wasser enthalten; wenn 1 kg Luft aber in einem bestimmten Fall nur halb so viel enthält, nämlich $= 0,0054$ kg, so ist das so viel, wie gesättigte Luft von 5^0 höchstens enthalten kann.

Man kann aus der Tabelle I eine kleine Zusammenstellung ableiten, welche die Temperaturgrade angiebt, bei denen Luft mit einem bestimmten effektiven Wassergehalt ganz gesättigt ist, und ferner die höheren Temperaturgrade, bei denen sie mit demselben effektiven Wassergehalt nur etwa $^3/_4$, $^1/_2$, $^1/_4$ gesättigt sein würde.

Tabelle VII.

Luft, welche ganz gesättigt ist bei		$-20°$	$-15°$	$-10°$	$-5°$	$0°$	$+5°$	$10°$	$15°$	$20°$	$25°$	$30°$ C.
Ist mit demselben effekt. Wassergehalt	$3/4$ ges. bei =	-15	-10	$-6,5$	0	$+5$	10	15	20	25	30	35 -
	$1/2$ - - =	-10	-5	$+1$	5	10	15	20	25	30	38	42 -
	$1/4$ - - =	-5	0	$+13$	15	20	25	32	38	43	50	55 -

Wenn daher die zum Trocknen zur Verfügung stehende Luft bei ihrer derzeitigen Temperatur nicht ganz (etwa nur $3/4$, $1/2$, $1/4$) mit Wasserdampf gesättigt ist, so kann man mit Hülfe der Tabellen I und VII allemal leicht diejenige Temperatur finden, bei der diese Luft mit demselben effektiven Wassergehalt pro kg ganz gesättigt sein würde.

Zum Auftrocknen eines bestimmten Wassergewichts braucht man also entweder x kg atmosphärische Luft von der Temperatur T_a, welche y kg Wasser enthalten, womit diese Luft nicht gesättigt ist, oder aber ein anderes, kleineres Luftgewicht x von der niedrigeren Temperatur t_a, welches auch y kg Wasser enthält, womit es dann aber ganz gesättigt ist.

Da im zweiten Fall für dieselbe Leistung weniger Luft nöthig ist, so verbraucht man auch weniger Wärme, und weil die x kg Luft schon von Anfang an die Temperatur T haben, so braucht man auch die Wärme weniger, welche nöthig wäre, die x kg Luft von t_a auf T_a zu erhöhen.

Wir wollen nun betrachten, in welcher Art sich die Ergebnisse der zur Berechnung verwendeten Gleichungen 7, 9 und 13 ändern, wenn die Eintrittsluft nicht gesättigt ist.

In der Gleichung 9, mit deren Hülfe die Luftaustritts-Temperatur bestimmt werden soll, sei d_a (der Wassergehalt von 1 kg Luft beim Eintritt) kleiner, nämlich nur $3/4$, $1/2$, $1/4$ so gross wie bei voller Sättigung. Man kann sich aber denken, die Luft hätte nicht die Temperatur, die sie wirklich hat, sondern eine solche niedrigere Temperatur, dass sie mit diesem Wassergehalt d_a völlig gesättigt wäre, und diese niedrigere Temperatur erfährt man aus Tabelle VII.

Beispiel. Ist die Luft $25°$ warm, so könnte sie bei 760 mm Barometerstand in maximo in 1 kg $d_a = 0,0202$ kg Wasser enthalten (Tabelle I, Spalte 11). Hat sie nun aber thatsächlich nur 0,01010 kg, so ist sie $1/2$ gesättigt. Mit diesem Wassergehalt ($d_a = 0,01010$ kg) wäre eine Luft von $15°$ ganz gesättigt.

3. Berechnung des Luftgewichtes etc.

Da für die Gleichung 9 die ursprüngliche Temperatur der Luft keine Bedingung ist, so erhält man aus ihr durch Einsetzung des Werthes $d_a = 0{,}01010$ sowohl die Temperatur der abgehenden Luft t_a, als auch deren Wassergehalt d_n nun ganz richtig, gleichgültig, wie immer die Temperatur der Aussenluft auch sei. Beide Grössen sind etwas kleiner als sie bei $d_a = 0{,}0202$ wären.

Auch das Luftgewicht 1 finden wir aus der Gleichung 7 richtig durch Einsetzen von $d_a = 0{,}01010$ und des aus Gleichung 9 gefundenen t_a, und zwar wieder kleiner als es bei $d_a = 0{,}0202$ sein würde.

Das Volumen des richtigen Luftgewichtes 1 als Aussenluft V_{1a}, welches bei 15° gesättigt ist, ist etwas kleiner, als es bei 25° halbgesättigt wäre; aber diese Differenz ist nicht sehr gross und sie kommt für die Trockenanlage nicht sehr in Betracht, da nicht die eintretende, sondern die abgehende Luft gefördert zu werden pflegt.

Das Volumen der erhitzten Luft und das der abgehenden Luft (V_{1n} und V_{1u}) wird bestimmt durch ihr Gewicht und ihre Temperatur. Beide Faktoren sind vollkommen gleich für beide Fälle, ob halbgesättigte Luft von 25° oder ganz gesättigte von 15° eingeführt wird, und daher sind es auch die Volumina.

Die zur Erwärmung der Luft nöthige Wärmemenge C_g ergiebt sich aus der Gleichung 13, in welcher die Aussentemperatur t_a selbst auftritt. Wir haben gesehen, dass bei den Gleichungen 7 und 9 die Resultate (Austrittstemperatur, Gewichte, Volumina), welche für die bei einer gewissen Temperatur nicht gesättigte Luft gesucht werden, fast genau gleich sind denen, welche man in den Tabellen II, IV, V, VI für ganz gesättigte Luft geringerer Temperatur finden kann.

Bei dem Wärmeverbrauch verhält es sich anders.

Dieser ist um diejenige Wärme geringer, welche nöthig ist, die Luft von der Sättigungstemperatur (im Beispiel 15°) auf ihre wirkliche Temperatur t_a, bei der sie nicht gesättigt ist (im Beispiel 25°) zu bringen. Der Wärmeverbrauch C_g ist also nur $\dfrac{t_b - T_a}{t_b - t_a}$ von dem der Luft bei ihrer (niedrigeren) Sättigungstemperatur.

Will man nun also für die Bestimmung der Hauptdaten

einer Trocken-Anlage der in den Tabellen II, IV, V, VI gemachten Annahme, dass die Aussenluft vor ihrem Eintritt in den Heizraum ganz und gar mit Wasser gesättigt ist, nicht folgen, sondern will man einen anderen, geringeren Sättigungsgrad der Aussenluft voraussetzen (den man dann wohl nie unter 50 %, besser wenigstens 75 % wählen wird), so kann man doch die Tabellen II, IV, V, VI benutzen, wenn man wie folgt verfährt.

Man sucht aus der Tabelle VII diejenige Temperatur, bei der die Luft ganz gesättigt sein würde, wenn sie bei t_* ihrer wirklichen nur $^3/_4$, $^1/_2$, $^1/_4$ gesättigt ist.

Hierauf findet man in den Tabellen II, IV, V, VI (je nachdem man annimmt, dass die abgehende Luft ganz [II], $^3/_4$ [IV], $^1/_2$ [V], $^1/_4$ [VI] gesättigt sein wird) neben der aus Tabelle VII gefundenen geringeren Sättigungstemperatur in Spalte 2 die richtigen Austrittstemperaturen, in Spalte 3 das richtige Luftgewicht 1, in Spalte 5 das nur wenig zu kleine Aussenvolumen V_{la} und in den Spalten 6 und 7 die richtigen Volumina der Luft nach dem Erhitzen und beim Austritt V_{lh} und V_{lu}.

Luft, welche bei einer gewissen Temperatur ganz gesättigt ist, ist, wie aus Tabelle VII für die hier in Betracht kommenden Temperaturen ersichtlich ist, mit demselben Wassergehalt $^3/_4$ gesättigt, wenn sie etwa 5° wärmer — $^1/_2$ gesättigt, wenn sie etwa 10° wärmer — und $^1/_4$ gesättigt, wenn sie etwa 15° wärmer ist. Man geht also nicht sehr fehl, wenn man die Verminderung des Wärmeverbrauchs bei $^3/_4$ gesättigter Aussenluft gleich der zur Erwärmung der Luft 1 um 5° (d. h. = 5.1.0,2375) — bei $^1/_2$ gesättigter Luft um 10° (d. h. = 10.1.0,2375) — bei $^1/_4$ gesättigter Luft um 15° (d. h. = 15.1.0,2375) nöthigen Wärme annimmt. Durch den ungleichen Wassergehalt der Luft werden die Resultate zwar noch etwas verschoben, indess nicht mehr als um $^1/_2$ — 5 %, sodass man diese Korrekturen in sehr vielen Fällen vernachlässigen kann.

Will man also annehmen, dass die Aussenluft vor Eintritt in den Heizraum der Trockenapparate nicht ganz, wie es den Tabellen II, IV, V, VI zu Grunde gelegt ist, sondern nur $^3/_4$ mit Wasserdunst gesättigt sei, so findet man in den Tabellen IV, V, VI, Spalte 9, die Temperatur der $^3/_4$ gesättigten Aussenluft und in Spalte 10 den wirklichen Wärmeverbrauch dabei angegeben.

4. Niedrige Spannung im Trockenraum.

Beispiel. Es sollen 100 kg Wasser aufgetrocknet werden mit Aussenluft von 30°, welche nur $^3/_4$ gesättigt ist, unter der Voraussetzung, dass die Austrittsluft ganz gesättigt sei. Die Maximal-Temperatur ist $t_h = 50°$.

Nach Tabelle VII ist Luft, die bei 30° nur $^3/_4$ gesättigt ist, mit demselben Wassergehalt bei 25° ganz gesättigt.

In der Tabelle II findet man dann unter der Maximaltemperatur $t_h = 50°$ neben $t_a = 25°$ Aussentemperatur die gewünschten Daten für bei 25° ganz gesättigte Luft, welche unverändert auch für Luft gelten, welche bei 30° nur $^3/_4$ gesättigt ist, nämlich: die Austrittstemperatur $t_n = 30°$, das Luftgewicht $= l = 13700$ kg, das Gewicht der Feuchtigkeit $= l \cdot d_a = 276{,}74$ kg, das Volumen der Aussenluft $= V_{la} = 11970$ cbm, das Volumen der erhitzten Luft $= V_{lh} = 12845$ cbm, das Volumen der Austrittsluft $V_{ln} = 12267$ cbm.

Den Wärmeverbrauch muss man berechnen. Er ist gleich dem in der Tabelle angegebenen $= 84625$ weniger:

$$l(0{,}2375 + d_a \cdot 0{,}475)5 = 5(13700 \cdot 0{,}2375 + 276{,}7 \cdot 0{,}475)5 = 16925 \text{ Cal.},$$

d. h. der gesammte Wärmeverbrauch ist $= 84625 - 16925 = 67700$ Calorien.

4. Trockenanlagen, bei denen im Innern des Trockenraums künstlich eine höhere oder niedrigere Spannung erzeugt wird, als sie in der Umgebung herrscht. Tabellen VIII, IX, X.

Die Frage, ob und welche Vortheile es haben kann, wenn der Druck im Trockenraum künstlich ermässigt oder erhöht wird, soll nun sogleich erörtert werden.

Es ist nach dem Früheren klar, dass, wenn man den Druck im Trockenraum stark über den der Atmosphäre erhöht, dennoch 1 cbm Luft im Trockenraum bei gleicher Temperatur nicht mehr gesättigten Wasserdampf enthalten kann, als bei normalem Druck. Die höhere Spannung im Innern wird nicht durch grössere Dichtigkeit des Dampfes, sondern nur durch grössere Dichtigkeit der Luft bewirkt; ein gleiches Volumen Luft kann bei gleicher Temperatur bei jedem Druck nur ein gleiches Gewicht gesättigten Wasserdampfes enthalten; denn die Dichtigkeit des gesättigten Dampfes in der Luft hängt nur von der Temperatur und garnicht vom Gesammtdruck ab.

4. Niedrige Spannung im Trockenraum.

Erhöht man den Druck in einem Raum künstlich durch Zuführung von Luft auf ein beliebiges Maass, ohne die Temperatur zu ändern, so mischen sich Luft und Dampf allmählich, und der Raum enthält dann bei der erzeugten Spannung das ursprüngliche Dampfgewicht neben der eingepressten Luft.

Würde man den Dampf aus dem Raum entfernen, so würde die Gesammtspannung um den Betrag der Dampfspannung sinken. Wollte man aber Dampf hineinpressen, so könnte dies nur bei Erhöhung der Temperatur geschehen oder der eingepresste Dampf würde sich kondensiren. Man hat also bei Anwendung höheren Druckes im Trockenraum zur Verdunstung des gleichen Gewichtes Wasser ein grösseres Gewicht Luft nöthig; da aber dieses grössere Luftgewicht vorher erwärmt werden muss, so folgt, dass diese Anlage mehr Wärme verschlingt als diejenige bei normalem Druck.

In der Tabelle I sind schon für die Berechnung solcher Anlagen bei einem Ueberdruck von $1/2$ Atmosphären (1140 mm) die nöthigen Daten in den Spalten 13, 14, 15 angegeben.

Spalte 13 giebt die Spannung in Millimetern Quecksilbersäule an, welche Luft allein ohne den Wasserdampf bei den Temperaturen -20^0 bis $+100^0$ und bei dem Gesammtdruck von 1140 mm hat.

Spalte 14 zeigt das Gewicht von 1 cbm Luft dabei.

Spalte 15 nennt das Gewicht an gesättigtem Dampf, welches 1 kg Luft dabei enthalten kann.

Zur Berechnung der für das Auftrocknen gewisser Wassermengen nöthigen Luftgewichte und Austrittstemperaturen kann man sich der Formeln 7 und 9 bedienen, nur muss man für d_a die Werthe der Spalte 15 aus Tabelle I einsetzen.

In der Tabelle VIII sind mit Hülfe dieser Formeln für einige Fälle die nöthigen Luftgewichte, Volumina und Ausgangstemperaturen berechnet, und zwar für eine Verdampfung von 100 kg Wasser für die Aussentemperaturen von -20^0, $\pm 0^0$, $+30^0$ und für die Luft-Erhitzungstemperaturen von 35^0, 50^0, 70^0, 100^0, 130^0.

Man ersieht aus dieser Tabelle VIII deutlich, wie viel mehr Luft und Wärme für eine bestimmte Trockenleistung gebraucht wird, wenn im Innern des Trockenraumes künstlich ein höherer Druck als der der Atmosphäre erzeugt wird, und dass also diese Einrichtung technisch unvortheilhaft ist.

4. Niedrige Spannung im Trockenraum.

Zu bemerken ist zu der Tabelle VIII noch, dass bei Anwendung von Druck im Innern des Apparates eine Grenze für die Wirksamkeit der Apparate durch gewisse äussere Temperaturen gegeben ist. Wenn nämlich die atmosphärische Luft warm und stark mit Wasserdampf gesättigt ist, so kann der Fall eintreten, dass die im Innern stark zusammengedrückte Luft nun allein die Spannung bewirkt und für den Dampf kein Platz bleibt.

1 kg Luft von bestimmtem Volumen führt in den Apparat ein gewisses Volumen Feuchtigkeit. Im Innern soll dieses Luftgewicht noch ein ferneres bestimmtes Volumen Wasserdampf aufnehmen; da aber dieses kg Luft im Innern des Apparates nunmehr einen kleineren Raum einnimmt als vorher, so kann der Fall eintreten, dass dieser kleiner ist, als der, den die ursprüngliche Feuchtigkeit verlangte. Man erkennt dies in Tabelle VIII bei 35° Maximaltemperatur. Mit Wasser gesättigte Aussenluft von 30° kann auf $1\frac{1}{2}$ Atmosphären absolut zusammengedrückt, nicht so viel Dampf aufnehmen, als sie durch Wärmeabgabe verdampfen kann. Bei 25° Aussentemperatur ist für gesättigte Luft fast diese Grenze erreicht.

Anders liegt der Fall, wenn im Innern des Trockenraumes künstlich eine Luftverdünnung erzeugt wird, diese ist technisch vortheilhaft.

Ein Raum heisst luftverdünnt, wenn er ein geringeres Luftgewicht enthält als bei atmosphärischem Druck. Das Gewicht an gesättigtem Wasserdampf, welches dieser Raum bei einer bestimmten Temperatur enthalten kann, ist unabhängig von der Anwesenheit oder Abwesenheit der Luft und stets für dieselbe Temperatur das gleiche. Ein luftverdünnter Raum wird also stets pro Gewichtseinheit Luft mehr gesättigten Dampf enthalten als ein lufterfüllter oder mit Luft überfüllter, d. h. unter erhöhtem Druck stehender Raum.

Hieraus folgt, dass im luftverdünnten Raum ein geringeres Luftgewicht genügt, um ein gleiches Quantum Wasser aufzunehmen als unter anderen Umständen, dass aber dieses geringere Luftgewicht zur Verdampfung des gleichen Wassergewichts dieselbe Wärme abgeben muss, also den Trockenraum kälter verlässt, und

4. Niedrige Spannung im Trockenraum.

dass endlich der Gesammt-Wärmeverbrauch bei dieser Methode geringer sein wird als in einem mit mehr Luft erfüllten Raum.

Die Tabelle I enthält schon in Spalten 16—21 die nöthigen Unterlagen für die Berechnung der Fälle, in denen im Trockenraum ein Vakuum von 510 oder 260 mm herrscht, was gleich ist einem absolutem Druck von 250 mm und 500 mm. Sie stützt sich auf die Formeln 7—9; nur wird für d_a der Werth aus den Spalten 18 oder 21 angenommen.

Beispiel. Es sollen 100 kg Wasser mit der Maximaltemperatur der Luft von $t_h = 70°$ bei einer Aussentemperatur von $t_a = 0°$ und bei einem absoluten Druck von $q = 500$ mm im Trockenraum verdampft werden. Es ist zu berechnen: die Austrittstemperatur t_n, das nöthige Luftgewicht l, dessen Volumen vor Eintritt V_{la}, nach Erhitzung V_{lh}, beim Austritt V_{ln} und der Wärmeverbrauch C_K.

In die Gleichung 9 wird eingesetzt:

$t_h = 70 \quad d_a = 0,00387$ (Tab. I Sp. 11) $\quad w = 100 \quad C_n = 62500$,

so wird die rechte Seite:

$$\frac{62500}{100 \, (0,2375 + 0,00387 \cdot 0,475)} = 2616.$$

Die linke Seite der Gleichung 9 ergiebt nach probeweisem Einsetzen verschiedener Werthe aus Tabelle I, Spalte 18 für $d_n = 0,0230$ (bei $t_n = 20°$):

$$\frac{70 - 20,1}{0,0230 - 0,00387} = 2612.$$

Die Austrittstemperatur ist also $t_n = 20°$.

Das Luftgewicht ergiebt sich aus Gleichung 7:

$$l = \frac{w}{d_n - d_a} = \frac{100}{0,0230 - 0,00387} = 5235 \text{ kg}.$$

Das Gewicht der ursprünglichen Feuchtigkeit ($l \cdot d_a$) in dieser Luft ist:

$$l \, d_a = 5235 \cdot 0,00387 = 20,2 \text{ kg}.$$

Das Volumen der Aussenluft V_{la} ist:

$$V_{la} = \frac{5235}{1,2832} = 4075 \text{ cbm}.$$

4. Niedrige Spannung im Trockenraum.

Das Volumen der auf 70° erhitzten Luft:

$$V_{lh} = \frac{273 + 70}{10\,336} \cdot \frac{500}{760} \cdot (29{,}27 \cdot 5239 + 46{,}83 \cdot 20{,}2) = 7782 \text{ cbm.}$$

Das Volumen der Anstrittsluft V_{la} ist:

$$V_{la} = \frac{5235}{0{,}765} = 6843 \text{ cbm.}$$

Endlich die zum Erhitzen der Luft nöthige Wärme C_g:

$$C_g = (5235 \cdot 0{,}2375 + 20{,}2 \cdot 0{,}475)(70 - 0) = 87\,640 \text{ Cal.}$$

In den Tabellen IX und X sind die für die Aussentemperaturen -20^0, ± 0, $+30^0$ und die Erhitzungstemperaturen $t_a = 35^0$, 50^0, 70^0, 100^0, 130^0, die zum Trocknen von 100 kg Wasser nöthigen Luftgewichte, Volumina, Abgangstemperaturen und Calorien zusammengestellt. Im Vergleich mit den Zahlen der Tabelle II erkennt man eine, zum Theil sogar auffällige Verminmminderung des Wärmebedürfnisses und der Luftgewichte.

Es wird auch auffallen, dass im Falle des verminderten Druckes im Innern des Trocken-Apparates bei wärmerer Aussenluft die zur Verdampfung von 100 kg Wasser durch künstliche Erwärmung zu beschaffende Wärmemenge geringer als 62 500 Calorien ist, d. h. geringer als die zum Verdampfen von 100 kg Wasser theoretisch nöthige Wärme.

Schon ein absoluter Druck von 500 mm (260 mm Vakuum) bewirkt diese Erscheinung (Tabelle IX) bei der Maximaltemperatur von 35° und der Aussentemperatur von 30°; aber noch auffälliger ist sie bei dem inneren absoluten Druck von 250 mm (500 mm Vakuum) Tabelle X, bei welchem in allen Fällen hohe Aussentemperaturen erhebliche Wärmeökonomie ergeben.

Der Grund für diese Erscheinung ist leicht ersichtlich.

Denn die atmosphärische Luft, welche mit höherer Temperatur (30°) in den Apparat tritt und ihn mit viel geringerer Temperatur verlässt, giebt von ihrer natürlichen Wärme, welche ihr nicht künstlich zugeführt zu werden braucht, einen Theil ab, und dies ist ein Gewinn. In den Fällen, in welchen die Umstände so günstig liegen, dass man eine erhebliche Menge Luft nur sehr

4. Niedrige Spannung im Trockenraum.

Tabellen VIII, IX, X.

Luftgewichte und Volumina — Austrittstemperaturen und Wärmeaufwand, um 100 kg Wasser zu verdunsten bei Aussentemperaturen — 20, ± 0, + 30°, den Maximaltemperaturen 35, 50, 70, 100, 130°, wenn Aussenluft und Austrittsluft ganz mit Wasserdunst gesättigt sind.

VIII. beim absoluten Druck von 1140 mm (1½ Atm.)
IX. -   -   -   -   -   500 -
X. -   -   -   -   -   250 -

Tabelle VIII.

Aussenluft und Austrittsluft ganz gesättigt.
Druck im Trockenraum $q = 1140$ mm (½ Atm. Ueberdruck).

1	2	3	4	5	6	7	8
Aussentemperatur der Luft	Temperatur der Luft beim Austritt	Gewicht der trockenen Luft 1	Gewicht der Feuchtigkeit in der Luft 1 d_a	Volumen der Luft			Wärmeaufwand zum Erhitzen der Luft C'_g
				beim Eintritt V_{Ia}	nach der Erhitzung V_{Ib}	beim Austritt V_{Ic}	
t_a	t_h	kg	kg	cbm	cbm	cbm	Calorien
Maximaltemperatur $t_h = 35°$ C.							
—20	16,5	14 300	10,91	10 280	8 318	7 665	187 000
± 0	19,75	17 240	66,6	12 464	10 077	9 860	144 410
+30	..	..	..	..	..	—	
Maximaltemperatur $t_h = 50°$ C.							
—20	22	9 430	7,2	6 782	5 760	5 341	157 010
± 0	25	10 500	40,6	7 591	6 443	5 947	125 650
+30	39,75	25 000	687,6	22 385	15 920	14 750	125 540
Maximaltemperatur $t_h = 70°$ C.							
—20	28	6 235	4,75	4 480	4 039	3 554	131 470
± 0	30,75	6 666	25,8	4 819	4 339	3 933	111 650
+30	43,75	9 260	257,8	8 292	6 251	5 538	92 960
Maximaltemperatur $t_h = 100°$ C.							
—20	36	4 085	3,1	2 935	2 904	2 395	116 604
± 0	37,5	4 180	16,2	3 022	2 986	2 849	100 100
+30	47,5	4 760	130,9	4 261	3 527	2 856	83 300
Maximaltemperatur $t_h = 130°$ C.							
—20	41,5	2 930	2,22	2 014	2 230	1 758	104 750
± 0	42,5	3 000	11,61	2 170	2 294	1 840	93 210
+30	51	3 205	88,14	2 870	2 543	1 955	80 200

4. Niedrige Spannung im Trockenraum.

Tabelle IX.
Aussenluft und Austrittsluft ganz gesättigt.
Druck im Trockenraum $q = 500$ mm ($= 260$ mm Vakuum).

1	2	3	4	5	6	7	8
Aussentemperatur der Luft	Temperatur der Luft beim Austritt	Gewicht der trockenen Luft 1	Gewicht der Feuchtigkeit in der Luft 1 d_a	Volumen der Luft			Wärmeaufwand zum Erhitzen der Luft C_g
				beim Eintritt V_{Ia}	nach der Erhitzung V_{Ib}	beim Austritt V_{In}	
t_a	t_n	kg	kg	cbm	cbm	cbm	Calorien
Maximaltemperatur $t_h = 35^\circ$ C.							
−20	8,75	10 000	7,63	7 184	13 260	12 662	130 790
± 0	11,25	10 950	42,4	7 916	14 588	12 900	91 756
+30	25,2	25 000	687,5	22 385	34 557	34 065	31 385
Maximaltemperatur $t_h = 50^\circ$ C.							
−20	13	7 143	5,44	5 135	9 941	9 085	118 930
± 0	15,5	7 559	35,2	5 465	10 585	10 400	90 500
+30	27,33	11 000	302,5	9 850	15 962	15 135	55 240
Maximaltemperatur $t_h = 70^\circ$ C.							
−20	18	5 000	3,82	3 597	7 390	6 698	107 010
± 0	20,1	5 235	20,2	4 075	7 782	6 843	87 640
+30	30,25	6 250	171,8	5 596	9 630	8 825	62 800
Maximaltemperatur $t_h = 100^\circ$ C.							
−20	24	3 440	2,62	2 473	5 511	4 665	98 280
± 0	25,5	3 505	13,6	2 534	5 643	4 875	83 800
+30	33,75	3 816	104,9	3 417	6 376	5 264	66 920
Maximaltemperatur $t_h = 130^\circ$ C.							
−20	29,25	2 470	1,89	1 795	4 288	3 286	88 200
± 0	29,75	2 602	10,1	1 884	4 540	3 575	80 990
+30	36,75	2 700	74,25	2 418	4 888	4 150	74 360

4. Niedrige Spannung im Trockenraum.

Tabelle X.
Aussenluft und Austrittsluft ganz gesättigt.
Druck im Trockenraum $q = 250$ mm ($= 510$ mm Vakuum).

1	2	3	4	5	6	7	8
Aussentemperatur der Luft	Temperatur der Luft beim Austritt	Gewicht der trockenen Luft 1	Gewicht der Feuchtigkeit in der Luft 1 d_a	Volumen der Luft			Wärmeaufwand zum Erhitzen der Luft C_g
				beim Eintritt V_{la}	nach der Erhitzung V_{lb}	beim Austritt V_{ln}	
t_a	t_n	kg	kg	cbm	cbm	cbm	Calorien
Maximaltemperatur $t_h = 35°$ C.							
−20	1,5	7 874	6,0	5 660	20 875	20 152	108 515
± 0	3,75	8 403	32,5	6 082	22 414	20 543	70 350
+30	15,75	12 820	352,6	11 480	35 447	33 272	25 920
Maximaltemperatur $t_h = 50°$ C.							
−20	5,5	5 900	4,5	4 239	16 403	14 514	98 280
± 0	7,25	6 060	23,5	4 383	16 826	15 310	72 500
+30	17,75	8 130	223,57	7 280	23 512	21 010	40 820
Maximaltemperatur $t_h = 70°$ C.							
−20	9,5	4 340	3,31	3 120	12 817	11 480	92 880
± 0	11	4 464	17,2	3 230	13 241	11 500	74 760
+30	20,25	5 000	127,5	4 478	15 284	12 642	50 000
Maximaltemperatur $t_h = 100°$ C.							
−20	14,6	3 033	2,31	2 167	9 716	8 056	86 640
± 0	16	3 102	12	2 243	10 008	8 116	74 200
+30	23	3 280	90,2	2 937	10 905	9 144	57 470
Maximaltemperatur $t_h = 130°$ C.							
−20	18,75	2 381	1,8	1 711	8 260	6 362	75 050
± 0	19,75	2 385	9,2	1 724	8 299	6 240	74 100
+30	25,75	2 400	66	2 149	8 582	6 917	60 000

wenig zu erwärmen braucht, um sie auf die zulässige Maximaltemperatur zu bringen, und in denen diese grosse Menge Luft den Apparat erheblich kälter verlässt als betritt, kommt die ganze Wärmemenge, welche die Luft bei ihrer Abkühlung von der Aussentemperatur auf die Austrittstemperaturen abgiebt, der Verdunstung kostenlos zu Gute.

Vom theoretischen Standpunkt sind also die Trockenanlagen im luftverdünnten Raum durchaus vortheilhaft, allein der bei einigermassen erheblichem Vakuum auf die Wände des Trockenraumes ausgeübte grosse atmosphärische Druck und die Porosität der für die Anlage zu verwendenden Materialien bilden praktische Schwierigkeiten.

Da die Tabellen IX und X für ganz gesättigt eintretende und ganz gesättigt austretende Luft berechnet sind, so muss man für ungünstigere Fälle entsprechende Zuschläge machen, über deren Höhe ein Vergleich der Zahlen der Tabellen II, IV, V und VI einen Anhalt gewährt.

5. Das Trocknen mit überhitztem Dampf ohne Luft.
Tabelle XI.

Nun kann man noch einen Schritt weiter gehen und die Luft aus dem Trockenraum ganz eliminiren, sodass die Trocknung dann mit Dampf allein stattfindet.

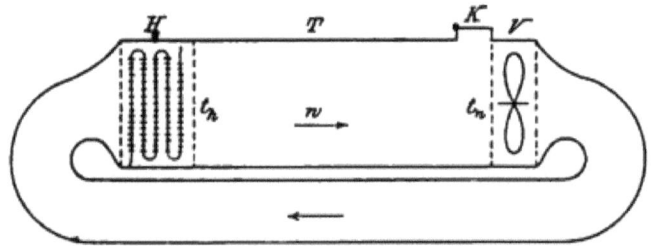

Fig. 2.

Wir denken uns, wie es in Figur 2 schematisch dargestellt ist, die Abluft aus dem Trockenraum (T) von einem Ventilator (V) oder einer anderen Förderungsvorrichtung für dampfförmige Stoffe abgesaugt und über heisse Flächen (H) wieder bei der

Eintrittsstelle in den Trockenraum (T) zurückgedrückt, so dass zunächst die Mischung von Luft und Dampf einen Kreislauf vollbringt, welcher vom Ventilator über die Erhitzungsvorrichtung in den Trockenraum, aus diesem wieder in den Ventilator etc. führt. Die ganze Anlage sei möglichst dicht und fest geschlossen und gegen Wärmeverluste, so gut es geht, geschützt.

Zwischen dem Ausgang aus dem Trockenraum und dem Eintritt in den Ventilator sei eine Klappe (K) nach aussen angeordnet, welche der Luft und den Dämpfen den Austritt ins Freie gestattet, sobald im Innern ein gewisser, vorher bestimmter Druck überschritten wird.

Setzt man den Ventilator bei geschlossenem Apparat in Bewegung, so wird der luft- und dampfförmige Inhalt den oben skizzirten Kreislauf vollführen und dadurch wärmer und wärmer werden; er nimmt dementsprechend mehr und mehr Feuchtigkeit auf, und so wächst die innere Spannung mehr und mehr, bis sie im Stande ist, die Klappe nach aussen zu öffnen und Luft und Dämpfe entweichen zu lassen.

Findet der Kreislauf von Luft und Dampf ununterbrochen statt, so bläst durch die Klappe ununterbrochen Luft und Dampf aus, bis zuletzt keine Luft mehr im Apparat enthalten ist. Nur noch Dampf kreist in demselben, und dieser tritt gleichmässig durch die Klappe K ins Freie.

So hat man nun die Trockeneinrichtung ganz ohne Luft und mit Dampf allein im Gange.

Der Dampf, von dem Ventilator gedrückt, wird an den heissen Flächen überhitzt, tritt in den Trockenraum und sättigt sich mit dem Wasser aus den feuchten Stoffen. Seine Spannung steigt und ein Theil, nämlich derjenige, welcher die aus den feuchten Stoffen aufgenommene Wassermenge darstellt, entweicht durch die Klappe.

Führt man ununterbrochen den getrockneten Stoff ab und führt dafür den zu trocknenden ein, so ist die Einrichtung kontinuirlich und enthält nur soviel Luft, als bei dem Eintritt frischer Waare unvermeidlich mit hineinkommt.

Der Wärmeverbrauch bei dieser Konstruktion würde, abgesehen von den Verlusten durch Undichtigkeit und Ausstrahlung theoretisch genau gleich dem zum Erwärmen der Waare auf die herrschende Temperatur plus dem zum Verdampfen des Wassers nöthigen sein, also der kleinstmögliche. Diese Konstruktion ist

5. Das Trocknen mit überhitztem Dampf ohne Luft.

also ökonomisch die beste (abgesehen von den auf Seite 45 besprochenen seltenen Fällen).

Am einfachsten und natürlichsten wäre es, die Klappe nur so wenig zu belasten, dass der im Innern herrschende Druck nur um ein Geringes höher als der der Atmosphäre ist, so dass die Temperatur bei Wasserverdunstung nur sehr wenig über 100° beträgt. Es könnte aber erwünscht sein, aus irgend welchen Gründen diesen Druck anders zu wählen, nämlich höher oder niedriger als der Atmosphärendruck ist.

Einen höheren Druck erzielt man ohne Weiteres durch grössere Belastung der Klappe, sodass sie einem Sicherheitsventil gleicht, das sich bei der vorher bestimmten Spannung öffnet.

Für die konstruktive Ausführung ist der Druck auf die inneren Wände des Apparates zu berücksichtigen, sowie die höhere Temperatur, welcher das Trockengut ausgesetzt ist.

Will man die Temperatur bei dieser luftfreien Arbeit niedriger als 100° halten, so erschwert dies die Anlage erheblich; denn dann muss auch die Spannung im Trockenraum, entsprechend der Temperatur, niedriger sein. Die geringere Spannung aber erfordert besondere Einrichtungen.

Zunächst gehen nun Luft und Dämpfe nicht mehr freiwillig aus dem Trockenraum in die Atmosphäre; sie müssen vielmehr durch irgend eine Vorrichtung (Luftpumpe) abgesaugt werden und zwar kontinuirlich, da sich erfahrungsmässig in Räumen mit niedriger Spannung stets etwas Luft findet, welche durch Undichtigkeit, durch den Luftgehalt der Stoffe etc. eintritt.

Da aber alle Maschinen zur Erzeugung starker Luftverdunstungen die warmen Dämpfe ihres grossen Volumens wegen nicht gut mitsaugen, so ist es nothwendig, diese Dämpfe zu kondensiren, sei es durch direkte Einspritzung von Wasser, sei es durch Oberflächenkühlung. Hierdurch wird die Arbeit der Trocknung vertheuert.

Hat man aber alle diese Vorrichtungen geschaffen, so kann man bei jedem niedrigen Druck im Trockenraum die Feuchtigkeit durch überhitzte Dämpfe verdampfen.

Etwas schwieriger wird es sein, die dünnen Dämpfe mit dem Ventilator in ihrem Kreislauf zu bewegen, da sie grosse Volumina darstellen; aber die Möglichkeit dieser ganzen Arbeitsweise liegt auf der Hand.

4*

5. Das Trocknen mit überhitztem Dampf ohne Luft.

Es ist bekannt, dass die Anwesenheit von Luft im Dampf ein grosses Hinderniss für die Uebertragung der Wärme desselben ist, sei es zur Erwärmung, sei es zur Abkühlung oder Kondensation. Das Bestreben der Techniker geht stets darauf, den Dampf, mit welchem gekocht, geheizt werden soll, oder den man kondensiren will, so luftfrei wie möglich zu halten, weil nur in diesem Falle 1 qm Berührungsfläche den grössten Wärmedurchgang gestattet. Dies ist ein fernerer Grund, aus dem die Trockenvorrichtungen, in denen die Luft auf das möglichste ausgetrieben ist, vortheilhaft sind, weil man die Heizfläche zur Erwärmung des Dampfes und die Kühlfläche zu seiner eventuellen Kühlung dann am kleinsten wählen kann.

Um eine Vorstellung von dem im Beharrungszustande für $w = 100$ kg Verdampfung bei verschiedenem Druck im Trockenraum nöthigen Dampfgewicht und Volumen zu haben, sollen einige wesentliche Fälle sogleich berechnet werden. Wie schon angegeben, ist der Wärmeaufwand, abgesehen von Verlusten, stets gleich dem zur Verdampfung theoretisch nöthigen, d. h. (wenn die zu trocknenden Stoffe mit $15°$ in den Apparat treten):

$$C_g = (640 - 15) w = 62500 \text{ Cal.} \quad \ldots \ldots \quad (14)$$

Das Gewicht an überhitztem Dampf D, welches zum Auftrocknen von w kg Wasser nöthig ist, ergiebt sich aus der Ueberlegung, dass die zum Verdampfen von w kg Wasser nöthige Wärme gleich sein muss der Wärme, welche der Dampf abgeben kann, wenn er von seiner Ueberhitzungs-Temperatur auf die im Apparat herrschende übergeht, und hieraus folgt die Gleichung 15:

$$C_g = w (640 - 15) = D \delta (t_h - t_n), \quad \ldots \ldots \quad (15)$$

in welcher

$D =$ das Gewicht des überhitzten Dampfes in kg,
$\delta =$ die specifische Wärme des Dampfes bei konstantem Druck $= 0,475$.
$t_h =$ die Maximal-Temperatur,
$t_n =$ die im Trockenraum herrschende Temperatur

bedeutet.

Beispiel. Es sind $w = 100$ kg Wasser zu verdampfen — die Maximal-Temperatur sei $t_h = 110°$, die Verdampfungs-Temperatur im Apparat $t_n = 100°$, so ist nach Gleichung 15:

5. Das Trocknen mit überhitztem Dampf ohne Luft.

$$D \cdot 0{,}475\,(110-100) = 100\,(640-15) = 62500 \text{ Cal.,}$$

folglich:
$$D = 13157 \text{ kg.}$$

Das Dampfgewicht D muss also über die zu trocknenden Stoffe geführt werden, um die verlangte Verdampfung zu bewirken.

Die Volumina V_{dn} und V_{db} dieses Dampfes vor und nach der Erhitzung ergeben sich mit Hülfe der allgemeinen Gleichung 12:

$$\frac{V}{273+t} = R \qquad V = \frac{R \cdot (273+t)}{p},$$

worin t = die Temperaturen, R = die Konstante = 46,83 (nach G. Schmidt) für überhitzten Wasserdampf, V = das Volumen von 1 kg Dampf, p = den Druck des Dampfes in kg per qm bedeutet:

p ist für atmosphärischen Druck = 10336, für jeden anderen Druck q in mm Quecksilbersäule nach Gleichung 4

$$p_1 = \frac{10336 \cdot q}{760}.$$

Das Volumen des erhitzten Dampfes ist:

$$V_{db} = \frac{D \cdot 46{,}83\,(273+t_b)}{\frac{10336 \cdot q}{760}} \quad \ldots \ldots (16)$$

Das Volumen des Dampfes vor der Ueberhitzung ist:

$$V_{dn} = \frac{D \cdot 46{,}83\,(273+t_n)}{\frac{10336 \cdot q}{760}} \quad \ldots \ldots (17)$$

Beispiel. Für den oben genannten Fall ist:

$$p = 10336 \qquad t_b = 110 \qquad t_n = 100,$$

$$V_{db} = \frac{D \cdot 46{,}83\,(273+110)}{10336} = 1{,}735 \cdot 13157 = 22827 \text{ cbm,}$$

$$V_{dn} = \frac{D \cdot 46{,}83\,(273+100)}{10336} = 1{,}689 \cdot 13157 = 22422 \text{ cbm.}$$

5. Das Trocknen mit überhitztem Dampf ohne Luft.

Tabelle XI.

Dampfgewichte und Volumina vor und nach der Erhitzung, um bei den absoluten Drucken 148 bis 2660 mm

					$60°$	$75°$	$90°$
	Temperatur innen: $t_n =$						
	Absoluter Druck: mm				148	288	525
	Vakuum: mm				612	472	235
$t_h = 65°$ C.	Dampfgewicht			$D =$	26 315	—	—
	Dampfvolumen	vor	der	$V_{da} =$	201 528	—	—
		nach	Erhitzung	$V_{db} =$	206 843	—	—
$t_h = 70°$ C.	Dampfgewicht			$D =$	13 158	—	—
	Dampfvolumen	vor	der	$V_{da} =$	101 245	—	—
		nach	Erhitzung	$V_{db} =$	105 001	—	…
$t_h = 75°$ C.	Dampfgewicht			$D =$	8 778	—	—
	Dampfvolumen	vor	der	$V_{da} =$	67 630	—	—
		nach	Erhitzung	$V_{db} =$	70 997	—	—
$t_h = 80°$ C.	Dampfgewicht			$D =$	6 579	26 316	—
	Dampfvolumen	vor	der	$V_{da} =$	52 954	111 054	—
		nach	Erhitzung	$V_{db} =$	54 027	107 790	—
$t_h = 85°$ C.	Dampfgewicht			$D =$	5 263	13 158	—
	Dampfvolumen	vor	der	$V_{da} =$	40 714	56 316	—
		nach	Erhitzung	$V_{db} =$	43 836	54 005	—
$t_h = 90°$ C.	Dampfgewicht			$D =$	4 386	8 778	—
	Dampfvolumen	vor	der	$V_{da} =$	31 224	38 097	—
		nach	Erhitzung	$V_{db} =$	37 017	36 363	—
$t_h = 95°$ C.	Dampfgewicht			$D =$	3 760	6 579	26 316
	Dampfvolumen	vor	der	$V_{da} =$	29 448	28 948	63 527
		nach	Erhitzung	$V_{db} =$	32 816	27 357	61 474

5. Das Trocknen mit überhitztem Dampf ohne Luft.

Tabelle XI.

100 kg Wasser im Kreislauftrockenapparat ohne Luft zu verdunsten und den Erhitzungstemperaturen 65 bis 200° C.

		$t_n =$	100°	110°	120°	130°	140°
Absoluter	in mm		760	1064	1520	2090	2660
Druck	in Atmosph.		1	1,4	2,0	2,75	3,5
$t_h = 110°$ C.		$D =$	13 157	...	...	...	—
		$V_{dn} =$	22 422	—	—	—	—
		$V_{db} =$	22 827	—	—	—	—
$t_h = 120°$ C.		$D =$	6 579	13 157	—	—	—
		$V_{dn} =$	10 876	15 933	—	—	—
		$V_{db} =$	11 447	17 696	—	—	—
$t_h = 130°$ C.		$D =$	4 386	6 579	13 157	...	—
		$V_{dn} =$	7 237	7 967	10 315	—	—
		$V_{db} =$	7 807	9 079	11 605	—	—
$t_h = 140°$ C.		$D =$	3 473	4 386	6 579	13 157	—
		$V_{dn} =$	5 730	5 311	5 658	8 394	—
		$V_{db} =$	6 321	6 197	5 947	8 605	—
$t_h = 150°$ C.		$D =$	2 632	3 473	4 386	6 579	13 157
		$V_{dn} =$	4 343	4 206	3 772	4 197	6 684
		$V_{db} =$	4 922	6 174	4 057	4 408	6 842
$t_h = 160°$ C.		$D =$	2 193	2 632	3 473	4 386	6 579
		$V_{dn} =$	3 618	3 187	2 987	2 798	3 342
		$V_{db} =$	4 145	3 901	3 269	3 004	3 500
$t_h = 180°$ C.		$D =$	1 644	1 879	2 193	2 632	3 473
		$V_{dn} =$	2 613	2 275	1 886	1 679	1 764
		$V_{db} =$	3 288	2 912	2 173	1 887	1 939
$t_h = 200°$ C.		$D =$	1 299	1 531	1 644	1 879	2 193
		$V_{dn} =$	2 143	1 854	1 414	1 199	1 114
		$V_{db} =$	2 715	2 480	1 702	1 405	1 303

In der Tabelle XI sind nun die zum Auftrocknen von 100 kg Wasser nöthigen Dampfgewichte D und deren Volumina V_{dh} und V_{dn} für einige Fälle zusammengestellt, und zwar für die Arbeit bei atmosphärischem Druck (1 Atmosphäre), bei geringerem (148—288—525 mm Quecksilbersäule) und bei höherem Druck (1,4—2—2,75—3,5 Atmosphären absolut). Man erkennt aus Tabelle XI, dass die Volumina des zu bewegenden Dampfes bei sehr geringem Druck sehr gross sind, dass dies aber bei atmosphärischem und hohem Druck keineswegs der Fall ist, sodass sie dieser Trockenmethode nicht hinderlich sind.

6. Heizfläche, Geschwindigkeit des Luftstromes, Grösse des Trockenraumes, Oberfläche des Trockengutes, Wärmeverlust.
Tabelle XII und XIII.

In diesem Abschnitt sollen noch einige nicht unwesentliche Details von Trockenapparaten besprochen werden.

Die Grösse der Heizkörper H in Quadratmetern für die Erwärmung der Luft wird bedingt durch die mittlere Temperaturdifferenz ϑ_m, zwischen Luft und Heizfläche und durch den Transmissionskoefficienten k. Dieser hängt von der Geschwindigkeit c in Metern pro Sekunde ab, mit der die Luft über die Heizfläche strömt und wird durch eine von Dr. Molier aus Versuchen Anderer abgeleitete Gleichung ausgedrückt:

$$k = 2 + 10\sqrt{c}. \qquad (18)$$

Die Heizfläche für die in 1 Stunde zu übertragende Wärmemenge C_g ergiebt sich also:

$$H = \frac{C_g}{\vartheta_m (2 + 10\sqrt{c})} \qquad (19)$$

Mit je grösserer Geschwindigkeit die Luft über die Heizfläche streicht, um so mehr Wärme nimmt sie auf. Hiernach wäre es also vortheilhaft, sie recht schnell über dieselbe hinwegzuführen, allein, wie wir sogleich sehen werden, darf man die Geschwindigkeit nicht zu sehr vergrössern.

Die Temperaturdifferenz zwischen Luft und Heizfläche hängt natürlich von der mittleren Temperatur der Heizfläche und von der sehr veränderlichen der Luft ab. Je kühler

6. Heizfläche, Geschwindigkeit des Luftstromes etc.

die Luft ursprünglich ist, um so grösser ist die mittlere Temperaturdifferenz, um so grösser auch die Leistung der Heizfläche, und da die Trockenapparate oft bei kalter Aussenluft auch die grösseste Wärmemenge erfordern, so findet durch diese Umstände für viele Fälle eine glückliche Uebereinstimmung statt.

In der Tabelle XII ist eine Zusammenstellung der Temperaturdifferenzen zwischen Heizfläche und Luft mitgetheilt. Da die Luft zu verschiedenen Jahreszeiten sehr verschiedene Temperaturen hat, so sind auch die Temperaturdifferenzen zwischen Luft und Heizfläche bei derselben Trockenanlage sehr variabel, wenn auch die Heizfläche stets die gleiche Temperatur behält.

So sind denn in der Tabelle XII in Spalte 4 die mittleren Temperaturdifferenzenzen für Aussentemperaturen der Luft von − 20, ± 0, + 15, + 30° festgestellt, und zwar für die in jedem speciellen Fall konstante Temperatur der Heizflächen von 100° — 120° — 140° und die höchsten zu erzielenden Lufttemperaturen von 35° — 50° — 70° — 100° — 130°.

Ferner sind in derselben Tabelle XII in den Spalten 5, 6, 7, 8 nach Gleichung 18 die Calorien aufgeführt, welche 1 qm glatter, eiserner Heizfläche in 1 Stunde überträgt, wenn die Luft mit Geschwindigkeiten von 1, 2, 4, 6 m pro Sekunde über dieselbe strömt. Mit Hülfe dieser Tabelle kann die in jedem Fall nöthige Heizfläche gefunden werden, wenn man die entsprechenden Zahlen der Tabelle XII (Spalten 5, 6, 7, 8) in die Zahl dividirt, welche die in einer Stunde zu verbrauchenden Calorien C_g angiebt.

Wählt man nicht glatte Eisenrohre, sondern Rippenheizkörper, so kann man die Tabelle XII auch für diese benutzen, indem man vor der Division die Zahlen der Spalten 5, 6, 7, 8 mit 0,7 multiplicirt.

Die Luft soll nicht zu schnell durch den Trockenraum strömen.

Der durch Reibung erzeugte Bewegungswiderstand der Luft in Röhren und Kanälen nimmt mit ihrer Geschwindigkeit zu; daher verursacht schnelle Luftströmung grossen Arbeitsaufwand und geringere Leistung des Ventilators.

Die Luftzuführungs- und Abführungskanäle können meistens fortfallen; müssen sie aber angelegt werden, so fliesse die Luft in denselben mit höchstens 3 m Geschwindigkeit und wenn möglich mit weniger.

6. Heizfläche, Geschwindigkeit des Luftstromes etc.

Tabelle XII.

Calorien, welche die Heizkörper in 1 Stunde pro 1 qm abgeben, wenn die Aussenluft $t_a = -20 - +30°$, der Heizkörper $100-140°$, die erhitzte Luft $35-130°$ hat und die Luft mit $1-6$ m Geschwindigkeit am Heizkörper vorbeistreicht.

1	2	3	4	5	6	7	8
Temperatur der erhitzten Luft t_b	Temperatur des Heizkörpers t_c	Temperatur der Aussenluft t_a	Mittlere Temperaturdifferenz ϑ_m	\multicolumn{4}{c}{Geschwindigkeit c der Luft am Heizkörper}
				\multicolumn{4}{c}{Calorien pro 1 Stunde und 1 qm, welche der Heizkörper abgiebt}
				1	2	4	6
35	100	−20	92	1104	1372	2024	2437
"	"	± 0	82	984	1312	1804	2238
"	"	+15	75	900	1200	1650	2017
"	"	+30	67	804	1072	1474	1774
50	"	−20	85	1020	1370	1870	2311
"	"	± 0	75	900	1200	1650	2017
"	"	+15	67	804	1072	1474	1774
"	"	+30	60	720	960	1320	1589
70	"	−20	75	900	1200	1650	2017
"	"	± 0	65	780	1040	1430	1602
"	"	+15	55	660	886	1210	1456
"	"	+30	50	600	800	1100	1325
35	120	−20	112	1344	1792	2464	2966
"	"	± 0	102	1224	1632	2244	2701
"	"	+15	95	1140	1520	2090	2516
"	"	+30	87	1044	1392	1914	2304
50	"	−20	105	1260	1680	2310	2781
"	"	± 0	95	1140	1520	2090	2516
"	"	+15	87	1044	1392	1914	2304
"	"	+30	80	960	1280	1760	2179
70	"	−20	95	1140	1520	2090	2516
"	"	± 0	85	1020	1370	1870	2311
"	"	+15	77	924	1232	1694	2149
"	"	+30	70	840	1120	1540	1954
100	"	−20	80	960	1280	1760	2123
"	"	± 0	70	840	1120	1540	1854
"	"	+15	62	744	992	1364	1642
"	"	+30	55	660	880	1210	1456

6. Heizfläche, Geschwindigkeit des Luftstromes etc.

1	2	3	4	5	6	7	8
Temperatur der erhitzten Luft t_h	Temperatur des Heizkörpers t_c	Temperatur der Aussenluft t_a	Mittlere Temperaturdifferenz ϑ_m	Geschwindigkeit c der Luft am Heizkörper vorbei — Calorien pro 1 Stunde und 1 qm, welche der Heizkörper abgiebt			
				1	2	4	6
35	140	−20	132	1584	2102	2904	3497
"	"	± 0	122	1464	1952	2684	3231
"	"	+15	115	1380	1834	2530	3046
"	"	+30	107	1284	1712	2354	2834
50	"	−20	125	1500	2000	2750	3310
"	"	± 0	115	1380	1840	2530	3046
"	"	+15	108	1296	1728	2376	2866
"	"	+30	100	1200	1600	2200	2649
70	"	−20	115	1380	1840	2530	3046
"	"	± 0	105	1260	1680	2310	2781
"	"	+15	97	1164	1552	2134	2569
"	"	+30	90	1080	1440	1980	2384
100	"	−20	100	1200	1600	2200	2649
"	"	± 0	90	1080	1440	1980	2384
"	"	+15	82	984	1312	1804	2238
"	"	+30	75	900	1200	1650	2017
130	"	−20	54	648	871	1188	1323
"	"	± 0	49	588	790	1078	1200
"	"	+15	46	552	742	1012	1127
"	"	+30	42	504	677	922	1029

Der Querschnitt des Heizraumes wird durch die Heizkörper verengt, wodurch dann eine gewisse grössere Geschwindigkeit der Luft um die Heizkörper erzielt wird; doch sollte dieselbe hier nicht mehr als 6 m in der Sekunde betragen.

Im Trockenraum selbst ist eine langsame Luftbewegung um so nöthiger, als die Luft sich nicht momentan mit Feuchtigkeit sättigt. Es ist eine gewisse, nicht ganz geringe Zeit nöthig dafür, dass die Wasserdämpfe mit der Luft diffundiren.

In vortheilhafter Weise wird die Luft durch den Trockenraum so geführt, dass sie in getheilten, öfter veränderten Strömen über das Trockengut streicht, das so ausgebreitet sein soll, dass es von der erwärmenden und trocknenden Luft von allen Seiten gleichmässig umspült werden kann.

6. Heizfläche, Geschwindigkeit des Luftstromes etc.

Die grösseste Geschwindigkeit der Luft im Trockenraum sei 6 m in der Sekunde, doch wenn möglich, geringer.

Die Einrichtungen zum Lagern, Ausbreiten, Aufhängen im Trockenraum müssen so gross oder so zahlreich sein, dass sie so viel Trockengut aufnehmen können, als dem Produkt aus der Zeit, in welcher ein einzelnes Stück oder ein einzelner Theil trocknet, mit der beabsichtigten Trockenleitung in dieser Zeit entspricht.

Braucht ein einzelnes Stück oder ein einzelner Theil, um hinreichend trocken zu werden, 2 Tage, und sollen in einem Tage 1000 kg getrocknet werden, so muss der Trockenraum für wenigstens $1000 \cdot 2 = 2000$ kg Trockengut Platz haben.

Die Zeit, welche ein Stück oder ein Theil des Gutes zum hinreichenden Trocknen benöthigt, lässt sich natürlich nicht allgemein vorher bestimmen, weil sie in erheblichem Maasse von der Eigenart des jeweiligen Trockengutes abhängt. Der Grad des ursprünglichen und des endlichen Feuchtigkeitsgehaltes, die Dicke, die Gestalt und die grössere oder geringere Fähigkeit, die innere Feuchtigkeit schnell an die Oberfläche zu befördern, beeinflussen die Zeit, welche zum Trocknen nöthig ist.

Wenn ein feuchter Körper von ruhender oder bewegter warmer, mit Wasserdampf nicht gesättigter Luft umgeben ist, so ist dieser Zustand in Ansehung der zu erwartenden Wasserverdampfung des Körpers fast genau so, als wenn sich derselbe in einem theilweisen Vakuum, d. h. in einem Raum verminderten Druckes befände.

In warmer, mit Wasser nicht gesättigter Luft hat der Dampf zwar die Temperatur dieser Luft, aber nicht die ihm dabei zukommende Spannung oder Dichte. Er ist fähig und begierig, die dargebotene Feuchtigkeit aufzunehmen bis zu seiner Sättigung, d. h. bis seine Spannung seiner Temperatur entspricht. Diese Aufnahme von Feuchtigkeit geschieht aber nicht plötzlich, sondern sie erfordert eine gewisse Zeit, und dies um so mehr, als der neu aufzunehmende Dampf die Luft verdrängen muss, an deren Stelle er treten soll.

Die Wärme, welche dem zu trocknenden Körper für die Verdunstung ihrer Feuchtigkeit zugeführt werden muss, kann nur durch die Oberfläche eindringen, und die eindringende Wärmemenge wird unter sonst gleichen Umständen proportional

6. Heizfläche, Geschwindigkeit des Luftstromes etc.

der Oberfläche sein. Die zu trocknenden Körper sollen also dem Luftstrom die grösstmögliche Oberfläche bieten.

Die an das Trockengut übertragene Wärmemenge ist aber auch proportional der mittleren Temperatur-Differenz zwischen Luft und Trockengut. Die Eintrittsstelle der zu trocknenden Körper, deren Temperatur $= t_u$ ist, ist zugleich die Stelle, an welcher die Luft mit der Temperatur t_n austritt; die Temperaturdifferenz ist hier also: $t_n - t_u$. Beim Austritt der getrockneten Körper findet der Eintritt der heissen Luft statt, deren Temperatur t_h ist. Die getrockneten Körper treten um einige Grade kälter aus, als die warme Luft ein; um wieviel Grade hängt von den jedesmaligen Umständen ab. Ihre Temperatur sei t_g, die Temperaturdifferenz ist daher: $t_h - t_g$. Vorausgesetzt, dass die Temperaturdifferenz $t_h - t_g$ wenigstens halb so gross ist wie diejenige $t_n - t_u$, so ist die mittlere Temperaturdifferenz

$$\vartheta_m = \frac{(t_h - t_g) + (t_n - t_u)}{2}.$$

Für den Fall, dass $t_h - t_g$ kleiner ist als $\frac{t_n - t_u}{2}$, so ist auch die mittlere Temperaturdifferenz kleiner als das arithmetische Mittel. (Siehe darüber unsere Schrift „Verdampfung, Kondensation, Kühlung", Julius Springer, Berlin 1899.)

Beispiel. Die höchste Lufttemperatur sei $t_h = 100°$, die Luftaustrittstemperatur $t_n = 36°$, die Eintrittstemperatur der Körper $t_u = 15°$, deren Austrittstemperatur $t_g = 30°$, so ist die mittlere Temperaturdifferenz nicht

$$\frac{(100-30)+(36-15)}{2} = \frac{70-21}{2} = 45{,}5°,$$

sondern sie ist nach der eben ausgeführten Quelle (Tabelle 1):

weil: $\quad \frac{21}{70} = 0{,}30, \quad \vartheta_m = 0{,}583 \cdot 70 = 40{,}810°.$

Endlich übt, wie wir wissen, die Geschwindigkeit c, mit der die Luft über die Trockenkörper streicht, einen Einfluss auf die Menge der zu übertragenden Wärme aus. Es ist der Transmissionskoefficient

$$k = 2 + 10\sqrt{c}.$$

6. Heizfläche, Geschwindigkeit des Luftstromes etc.

Die Menge der in 1 Stunde an die zu trocknenden Körper zu übertragenden Wärme ist daher:

$$C_n = O \cdot \vartheta_m \cdot k = O \cdot \vartheta_m (2 + 10\sqrt{c}),$$

und die für die Uebertragung von C_n Calorien nöthige Oberfläche des Trockengutes O in Qradratmeter:

$$O = \frac{C_n}{\vartheta_m (2 + 10\sqrt{c})} \quad \ldots \ldots (20)$$

Aus dieser Gleichung kann man nun die Oberfläche finden, welche man dem Luftstrom zum Trocknen einer gewissen Menge von Feuchtigkeit in 1 Stunde darbieten muss.

Beispiel. Es sollen 100 kg Wasser in 1 Stunde verdunstet werden; die Luft ströme mit $c = 4$ m Geschwindigkeit über die Körper und habe anfangs $t_h = 50°$, am Ende $t_n = 25°$, der Körper anfangs $t_a = 15°$, am Ende $t_z = 30°$, sodass

$$\vartheta_m = \frac{(t_h - t_z) + (t_n - t_a)}{2} = \frac{(50 - 30) + (25 - 15)}{2} = 15°$$

wird. Dann muss die Oberfläche der Trockenkörper sein:

$$O = \frac{62\,500}{15(2 + 10\sqrt{4})} \sim 190 \text{ qm.}$$

Die Resultate dieser Gleichungen sind allerdings nicht in allen Fällen anwendbar, da die physikalischen Eigenschaften der zu trocknenden Stoffe bewirken können, dass die Wärmeübertragung nicht ganz nach den oben gemachten Angaben stattfindet. In diesen Fällen kann nur die Erfahrung Lehrmeisterin sein.

Die Luft tritt in den Trockenraum immer wärmer ein als sie ihn verlässt, und wenn selbst in manchen Fällen ihre Sättigung mit Wasserdampf beim Eintritt grösser als beim Austritt sein kann, so bewirkt die höhere Eintrittstemperatur doch immer, dass die Luft beim Eintritt specifisch leichter ist als beim Austritt. Sie hat also eine natürliche Neigung, von oben nach unten zu strömen. Bei vertikalen Trockenräumen sollte man daher die Strömung der Luft auch von oben nach unten anordnen, weil sie dann regelmässiger geschieht als wenn die heisse Luft unten eintritt und nun auf dem nächsten Wege, ohne alles Trocken-

Tabelle XIII.

Wärmeverluste der Trockenapparate in 1 Stunde pro 1 qm Mauerwerk, Holzwand und einfaches Fenster bei Temperaturdifferenzen zwischen Innenraum und Aussenraum von 5—100° C.

Temperaturdifferenz zwischen Innen- und Aussenraum ϑ_m	Wandstärke der Mauern mm						Holz-Wand	Einfaches Fenster
	120	250	380	510	640	770		
5	12	8,5	6,5	5,5	4,5	4	11	25
10	24	17	13	11	9	8	22	50
15	36	25,5	19,5	16,5	13,5	12	33	75
20	48	34	26	22	18	16	44	100
25	60	42,5	32,5	27,5	22,5	20	55	125
30	72	51	39	33	27	24	66	150
35	84	59,5	45,5	38,5	31,5	28	77	175
40	96	68	52	44	36	32	88	200
45	108	76,5	58,5	49,5	40,5	36	99	225
50	120	85	65	55	45	40	110	250
55	132	93,5	71,5	60,5	49,5	44	121	275
60	144	102	78	66	54	48	132	300
65	156	110,5	84,5	71,5	58,5	52	143	325
70	168	119	91	77	63	56	154	350
75	180	127,5	97,5	82,5	67,5	60	165	375
80	192	136	104	88	72	64	176	400
85	204	144,5	110,5	93,5	76,5	68	187	425
90	216	153	117	99	81	72	198	450
95	228	161,5	123,5	104,5	85,5	76	209	475
100	240	170	130	110	90	80	220	500

gut zu berühren, durch die oben angeordnete Ausgangsöffnung fortgeht. Auch bei Kanaltrocknung sollte man den Luftaustritt unten bewirken.

Wir haben gesehen, dass bei warmgehenden Trockenapparaten die Abkühlung durch die Wände und Mauern ein Verlust ist, welchen man so viel als möglich verkleinern muss. Wie gross dieser Verlust ist, ersieht man aus der beistehenden Tabelle XIII, welche angiebt, wieviel Calorien in 1 Stunde durch 1 qm Mauerwerk oder Holzwand verschiedener Dicke verloren gehen.

Es mag hier daran erinnert werden, dass in einigen Fällen

bei sehr kalt gehenden Apparaten und bei sehr geringem inneren Druck der Innenraum kälter als die Umgebung sein kann. In diesen Fällen nimmt der Apparat zu seinem Vortheil Wärme aus der Umgebung auf, und es ist angezeigt, die Wände der Trockenräume dann so einzurichten, dass sie von aussen gut Wärme hindurchlassen.

Während man also die warm gehenden Trockenapparate aus Mauerwerk womöglich mit Luftschicht ausführen sollte, ist es vortheilhaft, die kalt gehenden Einrichtungen aus dünnen Holz- oder Metallwänden herzustellen.

Gegen den Eintritt der Luft von aussen muss man die Trockenräume in allen Fällen schützen. Die Wände müssen immer dicht sein, denn sonst wird bei warmem Gang Kälte, bei kaltem Gang Feuchtigkeit durch die verderblicherweise eintretende Luft in den Trockenraum geführt.

Tafel I.

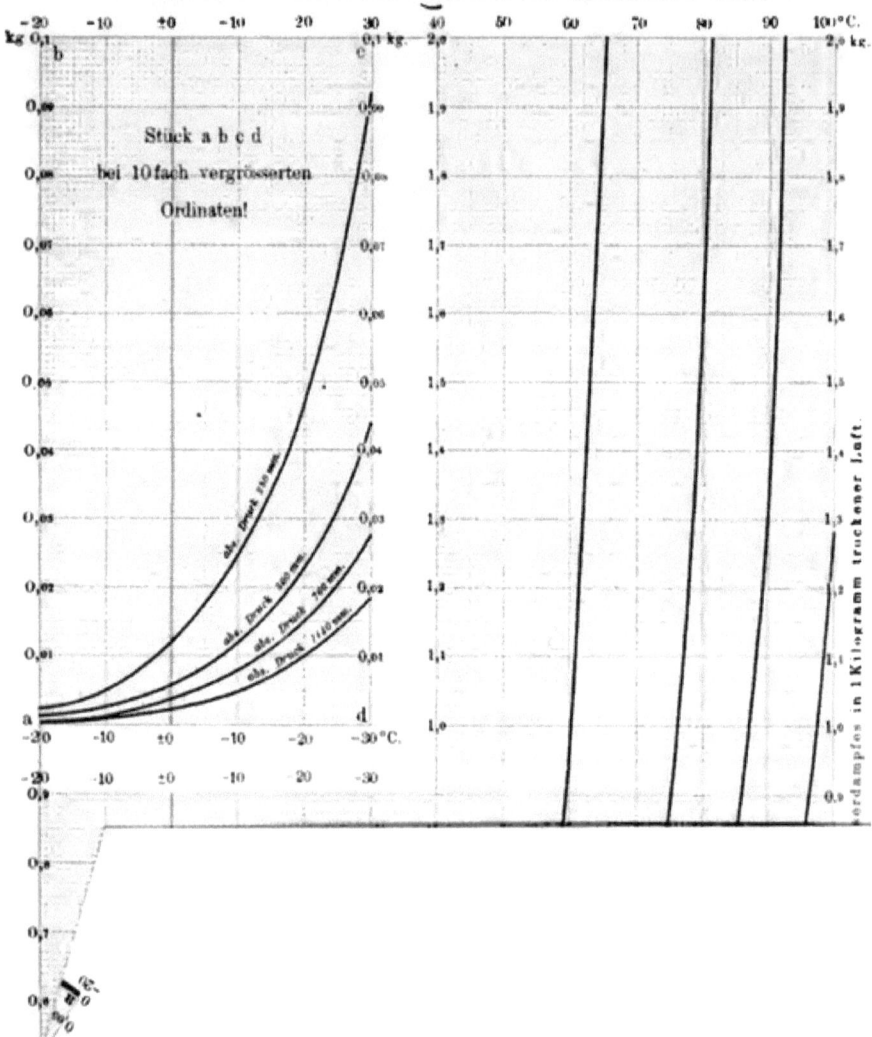

Gewicht des gesättigten Wasserdampfes, welches in 1 kg trockener Luft bei verschiedenen Temperaturen und bei absoluten Drucken von 250, 500, 760 u. 1140 mm Quecksilbersäule enthalten ist.

Tafel II.

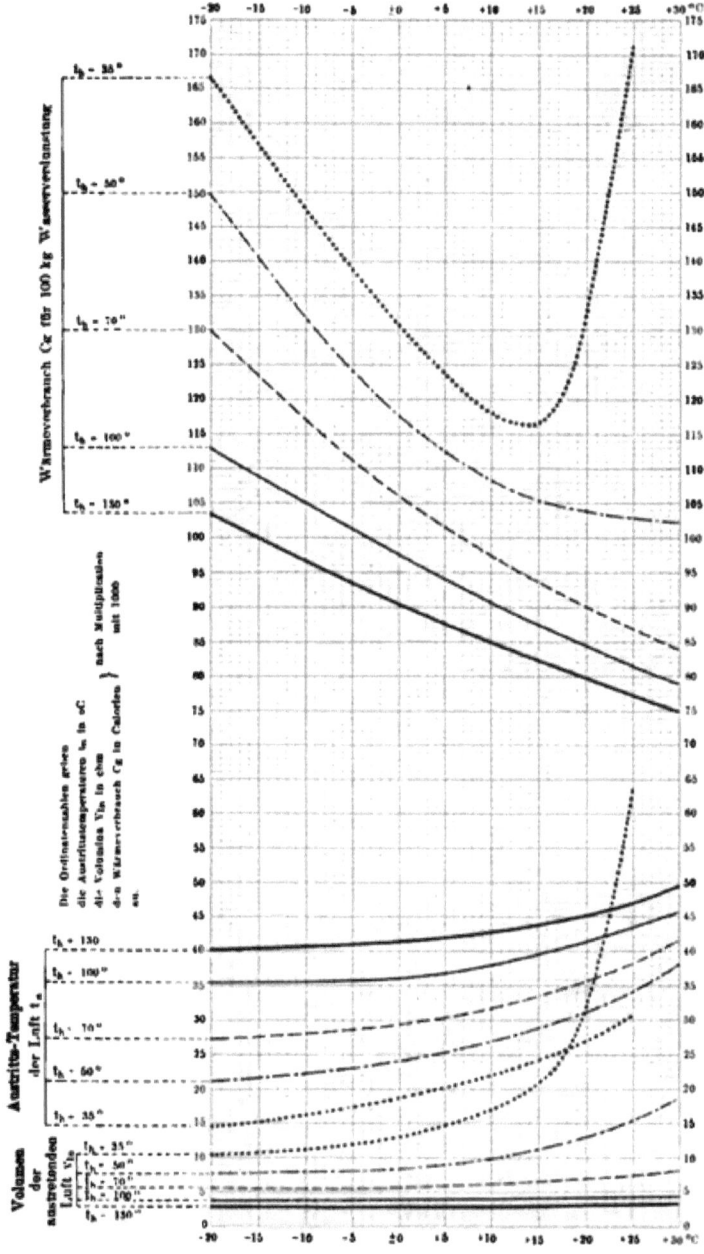